서울 자가에 대기업 다니는
김 부장 이야기

서울 자가에 대기업 다니는
김 부장 이야기

| 1 김 부장 편 |

송희구 지음

서삼독

너무너무 재미있다. 나는 단숨에 이 책을 읽었고, 작가의 필력에 진심으로 감탄했다. 직장인이라면 누구나 공감할 수밖에 없는 이야기이다. 거기다 이야기를 따라가다 보면 자연스럽게 삶과 투자의 지혜까지 배울 수 있다. 남녀노소의 경계 없이 모두에게 추천할 만한데 특히 직장인에게 일독을 권한다. 후회 없을 것이다.

— 브라운스톤(우석), 《부의 인문학》 저자

사람들은 모르는 사람의 이야기에는 반응하지 않는다. 하지만 자신과 별 차이 없다고 생각하던 주변 사람의 집이 몇 억이 올랐다고 하면 그제야 자기 집값을 찾아보게 된다. 그래서 요즘 사람들이 더욱 부동산에 울고 웃게 된 것은 아닐까? 김 부장 이야기에는 그와 같은, 우리가 함께 공감하고 무릎을 칠 만한 소재와 스토리가 가득하다. 그런 점에서 이 책은 어디에도 없지만 어디에나 있는 사람들의 이야기라 할 만하다. 김 부장, 송 과장, 정 대리, 권 사원은 바로 여러분일 수도 있고, 여러분 주위의 아는 사람일 수도 있다. 이들의 이야기는 과연 어떻게 될까? 그래서 더욱 두근거린다. 다음다음이 더욱 기대되는 이야기다.

— 신사임당, 경제 유튜버, 《킵고잉》 저자

기운 날 일 없어도 기운 내야 하는 '어른'들에게 전해주는 뼈 때리는 위로. 극한의 현실적인 디테일, 페이지마다 웃음과 소름이 교차하는, 그래서 결국 나를 돌아보게 하는, 간만의 깊은 이입감. 드라마로 탄생한다니 캐릭터가 아닌 진짜 사람이 살아있는 드라마가 탄생할 것 같다. 생각만 해도 기대가 넘친다.

— 배우 류수영

회사에서 일어난 실화를 바탕으로 재구성하였습니다.

상사 3명을 한 인물로 합쳐서 묘사하는 것으로 시작했습니다.

부동산, 주식 투자를 권장하는 의도는 전혀 없습니다.

소중한 것은 멀리 있지 않다는 것을 전달하고 싶었습니다.

이 시대 모든 직장인들에게 이 책을 바칩니다.

차례

김 부장의 평화로운 일상

1

김 부장은 모 대기업에 25년째 근무 중이다.

동갑내기 아내와 서울에서 자가로 살고 있으며 아들도 제
법 커서 대학생이다. 연봉은 1억 정도 되며 실수령액은
650~700만 원 정도 된다. 가끔 보너스도 나온다. 주식도
1천만 원 정도 투자하고 있다. 10년째 하고 있지만 크게 재
미를 보지는 못했다.

남들은 성공한 사람이라며 부러워한다. 부모님도 내 아들
성공했다며 뿌듯해한다. 김 부장은 부장 직급을 달기 전
까지 대기업의 복지를 누리고 하청업체의 접대를 받으며
만족스러운 삶을 살았다. 사고 싶은 것, 먹고 싶은 것에 부
족함이 없었다.

그런데 부장이 되고 나니 동기들이 하나둘 회사를 떠나기 시작한다. 늙어 죽을 때까지 나에게 월급을 따박따박 줄 것 같던 이 회사가 내 동기들을 내보내기 시작한다.

김 부장은 슬슬 불안해진다.
갑자기 내 통장에 이 돈이 들어오지 않는다면?
생각만 해도 끔찍하다. 마음속으로 행복회로를 돌려본다.
설마 회사에서 당장 내보내겠어?
만약에 잘리면 아들도 다 컸겠다 집 팔아서 시골 가서 살지 뭐.

김 부장의 통장에는 수천만 원이 있다. 주식계좌에는 1천~2천만 원어치가 있는데, 날마다 오르락내리락 한다.
김 부장은 의문이다.
25년간 회사를 다녔는데 내 통장에는 왜 이것뿐이지? 본인의 씀씀이는 전혀 생각하지 못한다.
불안감을 이기기 위해 또 행복회로를 돌린다.
임원 달지 뭐. 임원 달면 연봉이 두세 배는 될 텐데.

그래도 여전히 불안하다. 이전보다 더 장표 작성에 집착하고, 팀원들을 압박하고, 실적에 매달린다. 나는 꼰대가 되지 말아야지, 하는 각오를 매일같이 하지만 조급한 마음은 김 부장을 꼰대로 만들어버린다.

동기가 커피 한잔하자고 한다. 연락도 잘 안 하던 동기가 갑자기 불러내니 반가운 게 아니라 심장이 덜컹 내려앉는다. 테이블에 마주 앉은 동기는 지방으로 발령이 났다고 말한다. 사실상 나가 달라는 회사의 메시지라고 한다. 너도 얼마 안 남았으니 준비하라고 한다.

김 부장은 극도의 불안감을 느끼나 겉으로는 평온한 척미소 짓는다. 그리고 속으로 중얼거린다.
난 진급 누락 없이 여기까지 왔다고,
서울에 집도 있다고,
노후준비는 끝났다고,
그리고 내년에 이사로 승진할지도 모른다고.

자리로 돌아온 김 부장은 더 초조해진다. 주식계좌를 열어본다. 코로나19로 박살 났던 주식들이 회복해서 오히려플러스로 돌아섰다. 안심이 된다. 아직은 걱정하지 않아도 될 것 같다.

2

김 부장은 전무의 호출을 받는다.

옷 매무새를 가다듬고 전무실로 뛰어들어간다. 숙제를 가득 받아서 나왔지만 오히려 마음은 편하다. 다른 생각 안하고 회사 일에만 매진하는 게 김 부장에겐 딱이다. 팀원들에게 업무를 부여하고, 본인은 취합하고, 이렇게 바쁘게 사는 게 바로 조직생활의 재미 아니겠는가.

일에 열중하다 보니 어느새 퇴근시간이다. 동기들이 회사를 하나둘씩 떠나고부터 김 부장의 출퇴근길 파트너는 게임이 아니라 유튜브다. 타의로 회사를 떠나는 동기들을 보며 불안한 마음에 재태크 영상을 보기 시작했다. 월세도 받고 배당금도 받고 어디 투자도 하고, 김 부장이 대수롭지 않게 생각하던 내용들이 심도 있게 나온다.

사실 김 부장은 그런 영상을 보는 게 힘들다. 공부도 많이

해야 하고 직접 발로 뛰어야 하고 절약해야 한다고 강요하기 때문이다. 딱히 절약이란 것을 해본 적도 없고, 절약해야 할 이유도 모르겠다. 어느새 김 부장은 자동차 리뷰 영상을 보고 있다. 뒤이어 골프채 리뷰 영상도 나온다. 그동안 쌓인 데이터 알고리즘이 자연스럽게 그 길로 인도한다.

김 부장은 부장이 되고 나서야 어쩔 수 없이 골프를 시작했다. 전무, 상무와 개인적인 이야기를 할 수 있고, 본인의 의지를 어필할 수 있는 유일한 시간이기 때문이다.
그들은 김 부장이 성실하고 능력 있으니 임원이 될 거라며 자기만 믿으라고 한다.

필드를 한 번 갔다 오면 비용이 꽤 많이 든다. 전무와 상무를 집까지 가서 픽업하고, 운동이 끝난 후 모셔다드리는 서비스까지 마무리하면 기름값만 몇만 원이 나온다.
김 부장은 임원이 되기 위해 하는 투자라 생각하며, 회사 상사들과 골프 치고 밥 먹고 술 마시기를 반복한다. 평일에는 회사일에 최선을 다하고, 퇴근하면 골프 연습하고, 주말에는 필드에 나간다.

출퇴근할 때 보던 자기계발, 재테크 유튜브는 자장가로 전락한다. 지하철에서 졸다 보니 내려야 할 역을 지나친다. 벌떡 일어난 김 부장은 다음 역에서 헐레벌떡 내린다.

3

김 부장은 급하게 내리다가 몽블랑 가방을 떨어뜨린다.

과장이었을 때 해외출장 갔다가 면세점에서 산 명품 가방이다. 몽블랑 가방, 태그호이어 시계와 명품 넥타이는 김 부장의 자존심이자 나름대로의 멋이다. 대기업 직원이면 이 정도는 걸치고 다녀야 한다는 게 입사 때부터 김 부장이 굳건히 고수하고 있는 원칙이다.

떨어뜨린 가방을 보니 속상하다. 애지중지 아끼며 들고 다니던 가방인데 잔 기스가 나버렸다.
꽤 오래 들고 다니긴 했지.
김 부장은 출근하자마자 커피를 마시며 새로운 가방을 검색해본다.
옆 팀 최 부장이 들고 다니는 브랜드를 찾아보니 가격이

200만 원이 넘는다. 흠칫 놀란 김 부장은 자신보다 잘난 게 없어 보이는 최 부장을 다시 본다.

어떻게 200만 원이 넘는 가방을 들고 다니지?

생각해보면 김 부장의 몽블랑 가방도 면세점에서 1,200달러, 그러니까 150만 원 정도에 구입한 가방인데 면세점에서 산 데다 쿠폰에 카드사 할인에 할부까지 해서 꽹장히 저렴하게 샀다는 기억만 있다.

최 부장 가방의 가격을 알고 난 뒤 김 부장은 온종일 가방 생각뿐이다. 책상 아래 놓인 자신의 낡은 가방이 거슬린다.

거래처 사람들이 이 가방을 보면 날 무시할 텐데.

팀장이 이런 가방 들고 다니면 팀원들이 날 무시할 텐데.

와이프도 내가 이런 가방 들고 다니는 걸 보면 속상해하지 않을까.

그래 이 가방은 아들 주고, 나는 새 가방을 사는 거야.

점심시간이 되자마자 외근 간다고 하고는, 롯데 에비뉴엘로 향한다. 화려하고 다양한 브랜드들이 많다. 최 부장의 가방 브랜드를 찾아서 매장에 들어간다. 자주 와본 것처럼 행동하려 한다. 가격표를 봐도 아무렇지 않은 척한다.

최 부장과 똑같은 것은 없고 비슷한 스타일이 있어 직원에
게 보여달라고 한다. 이리저리 뒤적이며 보는 척하다가 가
격을 물어보니 300만 원이라고 한다.
200만 원짜리는 없냐고 물어보고 싶다. 하지만 김 부장의
자존심이 허락하지 않는다. 대기업 부장이 이 정도로 흔
들리지 말자고 마음속으로 되새긴다. 아니, 스스로 되새기
는 게 아니라 자동으로 되새겨진다. 너무나 익숙하다.

"이걸로 할게요."
이왕 사는 거 최 부장보다 더 좋은 걸로 사자며 그냥 지른다.
"할부 몇 개월로 할까요?"
직원이 묻는다.
"일시불이요."
김 부장 사전에 할부란 없다. 자존심이다. 내가 이 매장을
나가는 순간까지 나는 멋있는 사람으로 보여야 한다.
내가 이 매장을 나가면 여기 직원들은 나를 완전 다른 눈
으로 보겠지. 멋있는 사람이라고 수근거리겠지.

4

김 부장은 매장을 나와 스타벅스로 간다.

김 부장 사전에 빽다방이나 이디야는 없다. 대기업 부장에 명품 가방을 들고 다니는 사람이라면 스타벅스 정도는 가줘야 한다.

북적북적한 사람들을 피해 매장 구석에 앉은 김 부장은 새로 산 가방의 포장을 푼다. 브랜드 로고가 크게 찍힌 종이백을 든 채 사무실에 들어갈 수는 없다. 번쩍거리는 새 가방을 테이블에 올려놓고 바라보면서 스타벅스 말차라떼의 달달함에 취해본다.

이게 바로 나에게 주는 선물이라는 것인가,라며 위안을 한다.

그때 김 부장 눈에 왼쪽 손목에 찬 시계가 들어온다. 소매를 살짝 걷어서 가방 옆으로 왼손을 슬쩍 옮겨본다. 새로 산 가방과 같이 있으니 유난히 더 빛이 나는 것 같다.
오늘의 말차라떼는 더 달달하다.

사무실로 복귀해 다시 업무를 시작하는데 너무 기분이 좋다.

커피잔을 들고 어슬렁거리며 다른 부장, 차장, 과장들 자리를 슬쩍 쳐다본다.

자신보다 좋은 가방을 든 사람은 없다.

퇴근하려는데 가방이 두 개다. 둘 다 들고 가자니 폼이 안난다. 창고에 가서 쇼핑백을 꺼내 예전 가방을 집어넣으려는데 아무래도 퇴근길에 새로 산 가방이 긁힐 것 같다. 잠시 고민하다 새로 산 가방을 쇼핑백에 담는다.

퇴근하는 내내 쇼핑백 안에서 번쩍거리는 가방을 보니 부자가 된 기분이다. 지하철 맞은편에 새 가방 브랜드와 같은 로고가 찍힌 핸드백을 든 아가씨가 앉아 있다.

왠지 반갑다. 김 부장은 시대에 뒤처지지 않았다는 생각에 흐뭇하다.

퇴근해서 소파에 앉아 텔레비전을 트니 집값이 많이 올랐다는 뉴스가 나온다. 김 부장도 본인 집 시세를 확인해본다. 호가를 보니 작년보다 무려 3억이 올랐다.

10년 전에 산 아파트 값이 두 배가 되어 있다. 갑자기 가방을 살까 말까 고민한 순간들이 떠오른다. 집값이 몇 억이 올랐는데 이까짓 300만 원짜리 가방에 쫄았던 게 우습다.

김 부장은 스스로 본인 타이틀을 더 길게 만들었다. '부동산 투자도 잘하는 대기업 부장'이라고.

5

얼마 후 김 부장 부인이 모임에서 돌아온다.

저녁은 먹었는지 물어본다. 김 부장은 밥을 안 먹었어도 가방 생각에 배가 부르다.

아내의 모습을 가만히 살펴보니 '부동산 투자도 잘하는 대기업 부장' 부인답지 않게 수수해 보인다. 핸드백이라고는 김 부장이 몇 년 전 미국 출장 가서 아울렛에서 사온 코치 가방이 전부다.

이번 주말에 백화점에 가자고 말해본다. 아내는 말만이라도 고맙다며 필요 없다고 한다. 장이나 보러 가자고 한다.

김 부장은 아내에게 우리집이 샀던 가격에 비해 두 배나 올랐다고 말한다. 아내가 안 그래도 모임에서 절반은 부동산 이야기만 했다고 한다. 집이 있는 사람과 없는 사람의 분위기가 너무 달라서 본인은 가만히 듣고만 있었다고 한다. 아내는 10년 전 상황을 정확히 기억하고 말해준다.

김 부장은 그때 집값에 거품이 끼었다며 일본처럼 폭락할 거라고 주장했다. 아내는 아이들 교육 문제도 있고 매번 이사 다니기 힘들다며 집을 사서 한곳에 정착하자고 했다. 당시 과장이었던 김 부장은 자신의 인생에 대출은 있어서는 안 될 금기사항이고, 집값이 내리면 책임져줄 사람이 없다며 완강히 반대했다.
아내는 김 부장이 주장을 굽히지 않자, 부동산중개소에 혼자 가서 계약을 하고 주택담보대출을 일부 받아 매수를 했다.

아내가 김 부장에게 그때 안 샀으면 평생 못 살 뻔했다고 말한다. 김 부장은 그때 기억이 떠올랐는지 아무 말도 못하고 텔레비전에 시선을 고정한다. 아내는 '당신이 열심히 일해서 모은 돈에 대출을 보태 산 거니 당신 덕분이야'라며 김 부장의 기를 살려준다.

다음 날, 김 부장은 출근길에 늘 듣는 윤도현밴드의 노래를 들으며 생각에 잠긴다. 돌이켜보니 결정적인 순간에는 본인보다 아내가 더 과감했던 것 같다. 최종 단계에서 망설일 때마다 아내가 확신을 가지고 일을 밀어붙였다.

회사에 도착해서 보니 아차, 새로 산 가방을 들고 오는 것을 깜빡했다. 누가 스크래치 난 가방을 볼까 봐 뒤집어서 책상 밑에 눕혀 놓는다.

커피를 마시며 뉴스를 보는데 부동산 가격이 치솟고 있다는 기사가 도배되어 있다. 어제 산 명품 가방에다 몇억 오른 집값까지, 김 부장은 기분이 날아오를 것만 같다.

6

팀원인 송 과장이 오후 반차를 쓰겠다고 한다.

김 부장은 남의 사생활이 늘 궁금하다. 팀원들 휴가에 이유를 묻지 말자고 다짐했으나 결국 또 물어보고 만다. 송 과장은 오후에 부동산 계약이 있다고 대답한다.

요즘 젊은이들은 참 당돌하다. 자기 때는 감히 이런 이유로 휴가를 쓸 생각은 해보지도 못했다.

"집 계약?"

김 부장은 송 과장에게 부동산은 자기한테 물어보고 계약하라며 탕비실로 끌고 간다.

"내가 산 아파트가 지금 두 배가 됐어. 궁금한 거 있으면 나한테 물어봐, 다 알려줄게. 나중에 집값 떨어지면 어떡하려고 그래?"

송 과장은 좋은 말씀 주셔서 감사하다며 지금 사도 괜찮은 가격의 매물이니 걱정하지 않아도 된다고 말한다. 왠지 모르게 여유가 있어 보인다.

아내가 과거에 집을 계약했다고 통보했던 날, 밤잠을 이루지 못하고 다음 날 회사에서도 벌벌 떨리는 손으로 커피를 마신 기억이 난다. 수억 원 대출이 주는 압박감, 집값이 폭락할지 모른다는 불안감, 처음 계약하는 부동산이라는 큰 짐이 김 부장의 목을 조이는 것 같던 그때 그 느낌이 생생하다.

그래도 15년은 더 살았고 집값 두 배 신화를 쓴 김 부장 자존심에 어디에 얼마에 어떤 물건인지는 차마 묻지 못한다. 지나가면서 송 과장이 전화통화를 하거나 동료들과 이야기하는 것을 들어보면 부동산이 화제인 적이 꽤 많았다. 옆 팀 최 부장도 최근에 살던 집을 팔고 다른 곳으로 이사 갈 준비를 할 때 송 과장이랑 한참 대화하는 것을 봤다.

김 부장은 설마 내가 저 어린애보다 세상물정을 모르겠느냐며 스스로를 치켜세운다. 설탕이 가득 들어간 믹스커피를 마시며 팀원들을 쓱 둘러보는데 이상하게 오늘은 커피가 쓰다.

상무님 비서가 김 부장을 찾는다. 상무님 방으로 오라는 메시지다. 예전 같으면 아무 생각 없이 곧바로 뛰어갔을 테지만, 최근에 지방으로 발령이 나거나 명예퇴직 한 동기들이 생각나 몸이 느릿하게 움직인다. 조마조마한 마음으로 문을 연다. 근엄한 표정의 상무와 눈이 마주친다.

아, 다행히 골프 얘기다. 다음 주 주말 골프 예약 잡고 멤버 구성하라는 지시를 받고 나온다. 김 부장은 또 한 번 생각한다.

상무와 전무 라인만 잘 타면 승승장구하겠구나.

자리로 돌아와 식은 커피를 버리고 새 믹스커피를 탄다.

자리에 앉아 주식 앱을 열어본다. 코로나 때 팔까 말까 했던 주식들이 전부 플러스다. 가슴이 뜨겁다.

역시 나야.

김 부장은 스스로에게 타이틀을 붙인다.

'주식 투자도 잘하고 부동산 투자도 잘하는 대기업 부장'이라고. 아까는 그다지 달지 않았던 믹스커피의 달달함이 온몸에 퍼진다.

7

김 부장은 골프연습장에 간다.

평일에 국경일이 하루 끼어 있는 날이다. 그동안은 바빠서 계속 나가지를 못했다. 도착해보니 동료 최 부장이 있다. 김 부장은 최 부장이 이 근처에 사는지 몰랐다. 회사에서 그다지 말할 기회가 없었던 최 부장과 차 한잔을 한다. 골프채가 골프공을 때리는 소리가 경쾌하다.

사실 김 부장은 최 부장의 가방이 궁금하다. 본인이 그 브랜드를 알고 산 건지 선물 받은 건지 그런 남의 사생활이 궁금하다. 입사 때부터 꾀죄죄하게 하고 다니던 최 부장이 어떻게 그런 고가의 가방을 들고 다니는지 궁금해서 참을 수가 없다.

회사와 관련한 이런저런 이야기를 한다. 크게 정보 값은 없는 이야기들이다. 무심코 다음 주말에 상무와 다른 임원들과 함께 필드에 나간다고 말하려다 멈칫한다. 최 부장이 내 자리를 치고 들어올까 신경이 쓰인다. 이런 경쟁심은 입사 초기부터 있었다.

"최 부장, 가방 멋있던데 언제 산 거야?"
대화 주제를 가방으로 돌린다. 진짜 하고 싶었던 대화다.
"아아, 딸이 취직했을 때 마침 내가 부장으로 진급했거든. 그때 기념으로 딸이 사준 거야."
그럼 그렇지. 최 부장이 그런 명품 브랜드를 스스로 알고 구매했을 리가 없다. 역설적으로 김 부장은 그 브랜드를 최 부장 때문에 알게 된 사실을 잊고 있다.

"그런데 이 동네 사는지 몰랐네?"
김 부장이 묻는다.

"원래 살던 곳이 회사랑 멀고 분위기도 좀 그래서 바로 옆
동네로 이사했어."
"이쪽 지역은 원래 알던 곳이야?"
"그건 아니고 몇 군데 후보를 봐뒀는데 자네 팀 송 과장이
추천해줘서 결정했어."

김 부장은 생각한다.
송 과장한테? 부동산 전문가인 나를 두고 송 과장에게 물
어봐? 그것도 후배한테 물어봐? 자존심도 없나?
김 부장은 '혹시 바로 옆 동네라면 재개발 끝나고 몇천 세
대 들어왔다는 거기?'라고 물어보려다가 그게 사실이면
너무 배가 아플 것 같아 묻지 않는다.

그 단지는 커뮤니티와 조경시설이 잘되어 있고 이 지역 대
장주라고 뉴스에서도 몇 번 나왔기 때문이다.
설마 거기는 아니겠지. 내가 살고 있는 집보다는 싼 집이
겠지.
김 부장은 애써 아닐 거라 생각하지만 내심 불안하다.

최 부장이 연습 끝났다며 낡은 골프가방을 들고 나간다.

김 부장은 최 부장이 혹시나 차를 바꿨을까봐 주차장까지 배웅하는 척한다. 다행히 최 부장의 차는 대리 때부터 타던 15년도 넘은 오래된 차다. 그래도 관리를 잘해서인지 멀끔하다.

팔 힘으로 트렁크를 쾅쾅 열고 닫는 최 부장의 모습을 보며, 전동 트렁크를 쓰는 자신이 더 급이 높다고 생각한다.

김 부장은 작년에 바꾼 자신의 그랜저를 쓱 쳐다본다. 저쪽 주차 칸에서 빛이 나는 것 같다. 괜스레 기분이 좋아진다. 다시 돌아온 김 부장의 타석에는 타이틀리스트 골프백과 혼마 골프채가 기다리고 있다.

오늘따라 공이 참 잘 맞는다.

집으로 왔다. 오랜만에 평일에 집에 있으니 아들과 식사를 한 번 하고 싶다. 그동안 야근하고 골프연습장 다니느라 아들 얼굴도 못 본 지 오래됐다.

아들은 대학교 4학년이다. 언제부터인지 자기 방에다가 택배용 박스를 잔뜩 쌓아두고 왔다 갔다 하는 것을 보았다.

8

김 부장이 묻는다.

"아들, 저거 무슨 박스야?"

"요즘 이것저것 팔아보고 있어요. 인터넷으로요. 창고가 없어서 물건을 방에 두고 있어요."

아들은 오랜만에 보여주는 김 부장의 관심에 적극적으로 대답한다.

"용돈벌이로 하는 거야? 전에 아르바이트도 하는 거 같던데."

"알바는 너무 돈이 안 되고 공부할 시간도 부족해서 제가 직접 물건 떼다가 팔고 있어요."

어쩐지 김 부장은 못마땅하다.

"그렇구나……. 취직 준비는 잘 돼가니?"

"사실 취업 시장이 생각보다 어려워서…… 그래도 하긴 하고 있어요."

"그래 이 아빠처럼 대기업에 꼭 입사해야지."

"아…… 네……. 그런데 아빠, 저도 취직하고 싶긴 하지만 요즘 취업 시장이 너무 좁아서요."

"취업은 항상 힘들어. 회사에서 아무나 쓰려고 하지 않지.

너 같으면 아무나 막 뽑겠니?"

살짝 치미는 화를 누르며 대답한다.

"아빠, 저 실은 지금 하고 있는 이런 온라인 유통 같은 거 해보고 싶은데요. 어떻게 생각하세요?"

아들의 예상치 못한 대답에 김 부장은 그만 목소리가 높아진다.

"뭐? 너 지금 대학 나와서 장사를 하겠다는 말이야?"

"그게 아니고요. 생각보다 지금 하는 일이 벌이가 괜찮아서요. 재미있기도 하고요."

"그럼 대학을 왜 나왔어? 대학 나와서 하겠다는 게 고작 장사야? 내가 너 대학 보내려고 얼마나 고생한 줄 알아? 중학교 때부터 과외, 학원비, 대학교 등록금에 그게 다 얼만데! 이까짓 장사나 하라고 공부시킨 줄 알아? 이런 건 아무나 아무 때나 할 수 있는 거야!"

"그건 알겠는데요. 취직도 좋지만 저한테 맞는 일을 한 번 해보고 싶어서요……."

"대기업을 다녀보지도 않고 맞는지 안 맞는지 어떻게 알아? 이 아빠를 봐! 네가 이 아빠 때문에 어디 가서 꿀린

적 없잖아! 저기 방에 있는 박스 다 갖다버려!"

"네…… 알겠어요. 죄송해요……."

"뭐 때문에 장사를 하겠다는 거야? 아빠가 계속 돈 벌어다 주잖아. 넌 돈 걱정하지 말고 취직 준비 하던 거나 계속해!"

9

김 부장은 피가 거꾸로 솟는다.

서울 중위권 대학을 나온 아들은 대기업에 취직해서 연수도 받고 비슷한 조건의 직장 동료와 결혼해서 아이를 가져야 한다. 이게 당연하다. 김 부장은 한 번도 의심해본 적이 없다. 자신이 걸어온 길을 아들도 그대로 걸어가기를 바란다.

장사는 김 부장에게 수치스러운 일이다. 친구나 선후배들에게 '내 자식이 장사해요'라고 말할 용기가 없다. 학교에서 공부 못하고 말썽 부리던 애들이 취업 못하고 마지막으로 선택하는 일이 장사라고 생각한다.

아침마다 하얀 와이셔츠에 넥타이를 매고 수트를 입고 구두를 신고 번쩍이는 메탈 시계와 명품 가방을 들고 출근하는 것이 진정한 승자이자 사회의 리더라고 믿는다. 자신 같은 대기업 직원들이 대한민국을 굴리고 먹여 살린다고 믿는다. 김 부장은 붉으락푸르락 얼굴이 굳어진 채 텔레비전으로 시선을 옮긴다.

조용히 지켜보던 아내가 아들 방으로 들어간다.

"아들, 아빠 말도 맞지만 네 인생은 네가 결정하는 거야. 너는 네가 하고 싶은 거 해. 아빠한테는 엄마가 잘 말해볼게. 기죽지 말고 네가 하고 싶은 거 계속해. 해보다가 이게 아니다 싶으면 그때 다른 거 하면 되는 거야. 그게 젊음이고 도전이야. 알았지?"

"네 엄마, 고마워요. 그런데 아빠가 저렇게까지 화내실 줄은 몰랐어요. 사실 최근에 장사가 잘돼서 아빠 선물 하나 샀는데 어떻게 드려야 할지 모르겠네요. 맨날 같은 가방만 들고 다니셔서 가방을 하나 샀거든요."

"그래, 잘했어. 네가 전에 아르바이트 해서 모은 돈으로 샀다고 해. 막상 받으면 아빠도 좋아하실 거야."

"네…… 엄마."

김 부장은 걱정이 된다.

아들 녀석이 취직 못하면 어떡하지?

듣도 보도 못한 회사에 들어가면 어떡하지?

동창 애들은 벌써 대기업에 입사했니 마니 하는데 걔네들한테는 뭐라고 말하지?

설마 진짜 장사를 하겠다는 건 아니겠지?

손이 떨리고 다리가 후들거린다. 김 부장은 스스로의 평가보다는 남의 시선이 더 중요하다. 늘 그래왔다. 남에게 보이기 위해 살아왔다.

리모컨을 손에 쥐고 연신 채널을 돌린다. 무언가 집중할 수 있는 자극적인 프로그램이 필요한데 눈에 들어차는 게 없다. 쉽게 흥분이 가라앉지 않는다.

판도라의 상자

1

김 부장은 뜬눈으로 밤을 새우다가 늦잠을 잤다.

오랜만에 회사에 차를 끌고 간다. 회사 주차장에 들어가니 임원들 차인 제네시스가 늘어서 있다. 김 부장은 자신도 저 차를 탈 날이 머지않았다고 생각한다.

그러고 보니 회사 주차장에 외제차들이 많이 보인다. 한동안 지하철 타고 다니느라 주차장에 올 일이 없어 몰랐는데, 이렇게 외제차들이 수두룩하다니.

빈 자리가 하나 있어 살펴보니 옆 칸에 BMW가 세워져 있다. 주차를 하고 문을 여는데 옆 차에서 누군가가 전화 통화를 하고 있다. 자세히 보니 김 부장의 팀원 정 대리다.

어? 저 자식이! 감히 외제차를! 나도 그랜저 타고 다니는데!

믿을 수가 없다. 당황스러움과 분노가 치밀어 오른다. 내가 대리였을 때를 생각하면 상사나 선배보다 좋은 차를 타는 건 상상도 할 수 없는 일이었다. 회사에 외제차를 끌고 온다는 것은 절대 금기였다.

간신히 분을 참고 못 본 척하며 차문을 여는데 건너편에 주차된 외제차에서 낯익은 얼굴이 내린다. 다른 사업부의 과장이다. 최소 열다섯 살은 어린 새파란 녀석이다.

와, 이것들이 미쳤네!

이 자식들 싹 다 불러서 정신교육 한 번 할까?

회사 편하게 다니니까 아주 자기네 마음대로네. 아우, 이 망할 것들!

사무실로 올라가려고 엘리베이터를 탄다. 손이 떨려 버튼이 눌러지지 않는다. 커피가 필요하다. 강력한 카페인과 대용량의 설탕이 없으면 김 부장의 마음이 진정되지 않을 것 같다. 김 부장은 믹스커피 두 봉지를 종이컵에 쏟아붓고 뜨거운 물을 넣어 휘휘 젓는다.

잘 모르는 다른 팀 과장은 그렇다 쳐도 우리 팀의 정 대리가 외제차를 몰고 회사를 온다는 건 도저히 용납할 수 없는 사안이다.

김 부장은 생각한다.
내가 꼰대인가?
아니야, 이건 꼰대가 아니야. 정상이 아닌 것을 정상이라고 생각하는 게 이상한 거야.
팀원이면 차를 사기 전에 나한테 허락받아야 하는 거 아닌가? 아니, 허락까지는 아니더라도 상사한테 물어는 봐야 하는 거 아닌가? 내 생각이 잘못된 건가?

업무 시작 시간이 되자 팀원 모두가 자기 일을 시작한다. 파티션 너머로 송 과장과 정 대리가 보인다. 부동산 거래한다고 휴가를 쓴 송 과장이나 외제차를 끌고 다니는 정 대리나 둘 다 꼴도 보기 싫다.
송 과장과 정 대리는 김 부장이 일을 시키면 맡은 일에 플러스 알파를 해오는 유능한 팀원들이다. 거기에 더해 김 부장의 기분과 감정을 항상 잘 맞춰준다. 두 사람 모두 팀의 주축 멤버이다. 업무 공백이 생기면 보고 자료나 각종 장표를 만들 사람이 없다.

그래도 아닌 건 아닌 거다. 개인적인 일인 부동산 계약 때문에 휴가를 쓰고, 임원들도 제네시스를 타는데 대리가 외제차를 끌고 회사를 오다니, 김 부장에게는 상식 밖의 일이다.

이런 생각이 맞는지 옆 팀의 최 부장이나 동료들에게 물어보고 싶지만, 남에게 물어보는 것은 김 부장의 자존심 사전에는 없는 일이다.

2

김 부장에게 비서가 상무의 호출을 전한다.

김 부장은 거울을 보며 넥타이를 매만지고 옷 매무새를 가다듬은 후 상무실로 뛰어간다.

"안녕하십니까, 상무님."

"어 그래, 김 부장. 멤버 구성 끝났어? 아직 안 채웠으면 최 부장도 넣어줘."

"네? 최 부장이요? ……네, 알겠습니다."

"그래, 가서 업무 봐."

아니, 최 부장을 왜? 갑자기 최 부장을…….

김 부장은 머릿속이 복잡하다. 상무와 전무 라인은 자신이 꽉 잡고 있다고 생각했는데 갑자기 최 부장을 골프 멤버로 넣으라니 뭔가 불안하다.

어제는 아들 때문에, 아침에는 외제차 끌고 온 새파란 녀석들 때문에, 지금은 최 부장 때문에 일이 손에 잡히지 않는다. 갑자기 몇 년간 끊은 담배 생각이 난다. 금연은 아내와 아들과의 약속인데 고민이 된다.

김 부장의 전신에 퍼져 있는 모든 신경세포가 잔뜩 긴장해 있다. 최근에 스트레스를 너무 많이 받았다.

모두가 자신을 괴롭히는 존재들 같다. 나는 잘못한 게 없는데 세상이 날 가만두지 않는다. 원망스럽다. 팀원들도 상무도 최 부장도 심지어 아들내미도 짜증난다.

담배는 차마 못 피겠고 탕비실에 있는 서랍을 거칠게 열고 초콜릿 바를 꺼내 우걱우걱 입에 밀어 넣는다. 살짝 식은 커피도 벌컥벌컥 들이켠다.

김 부장은 지금 이 감정이 분노인지 질투인지 알 수가 없다. 감정 제어가 불가능하다. 숨막히는 압박감이 밀려온다. 아무도 김 부장에게 쓴소리를 하지 않았다. 김 부장의 환경이 바뀌지도 않았다. 하지만 김 부장은 혼자서 벽을 쌓고 부정적인 감정들을 쏟아낸다. 기분이 좋으면 본인의 타고난 운과 능력 덕분이고, 기분이 좋지 않으면 모두 남 탓이라 책임을 돌려버리는 습관이 무의식과 의식 속에 깊이 박혀 있다.

3

김 부장은 결심한다.

우선 겁대가리 없는 정 대리에게 외제차 얘기나 들어봐야겠다. 점심을 먹으면서 요즘 나온 전기차 얘기를 하다가 슬쩍 미끼를 던진다.

"정 대리, 아침에 보니까 좋은 차 타던데 그 차 어때? 우리 애 한 대 사줄까 하는데."

"부장님 보셨어요? 하하, 그거 중고로 샀어요. 이번에 신형이 나오면서 구형은 중고가가 많이 내려갔어요. 싸게 샀죠."

김 부장은 한시름 놓는다. 중고를 샀다니 아주 조금은 용서가 된다.

"그래? 중고 사는 건 좀 위험하지 않나?"

"요즘은 보험 이력이나 사고 이력 보기가 쉬워서, 사고 차나 문제 있는 차들은 거르기 쉬워요. 혹시 아드님에게 중고로 사주실 거면 저한테 말씀하세요. 고르시는 거 도와 드릴게요."

"아니야, 아들 취직하면 새 차로 뽑아줘야지. 중고는 무슨······."

사줄 돈도 없다.

김 부장은 막상 정 대리 이야기를 듣고 나니 마음이 좀 풀린다. 원체 밝고 긍정적이고, 말도 잘 듣는 정 대리다. 화가 좀 풀리긴 했지만, 그래도 회사에 외제차를 타고 오는 건 이해할 수가 없다. 어린 놈이 건방지다는 생각이 마음속에서 손톱 밑의 가시처럼 따끔거린다.

식사를 마친 후 송 과장과 정 대리, 권 사원 그리고 다른 팀원들은 자기들끼리 커피숍으로 간다. 사려깊은 권 사원은 매번 김 부장에게 커피 한잔하자고 권하지만, 김 부장은 같이 가면 자신이 돈을 내야 한다는 생각에 절대로 가지 않는다.

구두, 시계, 가방, 넥타이 등 겉치레에는 돈을 아끼지 않으면서 팀원들에게 쏘는 커피값은 아깝다. 팀원들이 가는 커피숍은 아메리카노 한 잔에 1,500~2,000원 정도지만, 솔직히 탕비실에 널린 믹스커피를 두고 왜 커피숍을 가는지 모르겠다. 맥심도 있고 카누도 있는데 말이다. 저 자식들이 뒤에서 자신을 욕하는 것 같다고 김 부장은 생각한다.

정 대리 차를 다시 보러 지하주차장에 내려간다. 아무리 구형 모델이라지만, 외제차에 비해 자신의 그랜저가 초라해 보인다.
저 중고차와 내 신차 가격이 비슷한데 왜 수입차를 생각 못했지?
그래, 전무님과 상무님이 제네시스를 타고 계신데 내가 감히 어떻게 외제차를 타?
맞아, 잘한 선택이야. 내가 외제차를 탄 걸 그분들이 보시면 대로하실 거야.

하지만 김 부장의 마음속 깊은 곳은 이성적인 결론과 다른 반응이다. 작년에 산 그랜저를 당장 팔고 외제차로 바꾸고 싶다고 소리를 지르고 있다. 그런 속마음을 애써 꾹꾹 누른다. 저쪽에 낡디 낡은 최 부장 차가 보인다. 조금이나마 마음이 놓이는 것 같다.

4

아, 상무님 카톡이네.

일요일에 필드에 나갈 때 최 부장과 자신을 픽업해달라는
내용이다. 전무는 운전기사와 따로 간다고 한다.

뭐? 상무님 기사 역할 하는 건 괜찮지만 나보고 최 부장까
지 태우라고?

최 부장이 나를 태우고 가면 안 되나?

혼자 씩씩거리며 핸드폰 화면을 보다가 어쨌든 상무님 지
시니 따르기로 한다.

상무가 곧바로 집 주소를 보내온다.

어라? 상무님 집이 여기였나? 우리 집이랑 가까운데?

예전 주소랑 다르네? 언제 이사 가셨지?

요즘 들어 긴장을 많이 해서 그런지 나이를 먹어서 그런
지 소변이 자주 마렵다. 화장실에 간다.

최 부장이 소변기 앞에 서 있다.

김 부장도 바로 옆 칸에 가서 소변을 보며 말한다.

"최 부장, 상무님 말씀 들었지? 카톡으로 주소 좀 보내줘."

"어, 김 부장. 혹시 운전하기 피곤하면 알려줘. 내 차로 가자."

운전은 하기 싫지만 상무의 기사 역할을 하며 점수를 따고 싶다. 게다가 최 부장의 낡은 차를 타고 싶지도 않다. 골프 치러 가는데 내 블랙 세단을 타고 가야 시작부터 폼이 난다.

5분 뒤, 김 부장의 카톡이 울린다. 최 부장이 집 주소를 보내왔다. 골프장에서 만난 뒤로 최 부장이 어디에 사는지 내내 궁금했다. 판도라의 상자가 열린다.

아파트 이름이 상당히 길다. 영어도 아니고 이탈리아어인지 스페인어인지 아무튼 길다. 네이버에 검색해보니 김 부장의 촉이 맞았다. 불안한 느낌이 적중했다. 언론에서 자주 보이던 대단지 브랜드 아파트다. 조경과 커뮤니티가 잘 갖춰져 있고 거주민들 만족도가 높다는 이 지역의 대장주, 바로 그 아파트다.

김 부장은 핸드폰을 책상에 던지듯이 내려놓는다. 모니터가 뿌옇게 보인다. 밑상인 송 과장과 정 대리는 시야에 들어오지도 않는다.

다시 핸드폰을 잡고 본인과 같은 평수인 32평 시세를 확인한다. 김 부장 아파트보다 5억이 비싸다. 5억……. 속으로 소리지른다.

아니…… 저, 저…… 분양가에서 얼마가 오른 거야?

같은 평수에, 비슷한 위치에, 비슷한 역세권인데 무슨 5억씩이나 더 비싸? 돌아버리겠다.

지질한 최 부장이 나보다 5억이나 비싼 곳에 살다니 말도 안 돼. 혹시 전세 아니야?

그래, 자가가 아니라 전세일 거야. 그래야만 해.

갑자기 상무님 집은 어디인지 궁금해 다시 카톡을 확인한다.

상무님 집이 최 부장과 같은 아파트다. 이게 무슨 일인지 당황스럽다.

상무님과 최 부장이 같은 아파트라니.

어이가 없다. 같은 아파트에 사는 게 별일은 아니지만 상무의 튼튼한 라인을 잡고 있다고 생각하는 김 부장으로서는 불안하다. 질투심과 불안감이 몰려온다.

5

필드에 나가는 일요일이다.

오전 4시 30분. 김 부장은 24시간 김밥천국에 가서, 자신과 상무가 먹을 김밥을 산다. 최 부장 것도 살까 말까 고민하다가 대인배처럼 보이기 위해 한 줄을 추가한다. 김 부장과 상무의 김밥은 3,500원짜리 참치김밥, 최 부장 것은 2,000원짜리 그냥 김밥이다. 구분을 하기 위해 봉지에 각각 따로 담는다.

오전 5시. 그 대단하다는 이름 긴 아파트로 간다. 정문부터 으리으리하다. 경비원이 내민 방문객 리스트에 이름과 연락처를 쓴다.

그런데 이상하다. 입구에서 바로 지하주차장으로 들어간다. 정문이 지하주차장으로 연결되어 있다. 지상은 어떻게 생겼는지 볼 수가 없다.

저기 상무가 보인다. 트렁크에서 무언가를 꺼내고 있다. 자세히 보니 회사에 타고 오는 차가 아니다. 흰색 차 트렁크 정중앙에는 삼각별 로고가 있다.

"어, 김 부장 왔어? 애들 엄마 차에 공을 실어 놓고 깜박했어."

사모님 차였다. 국산차만 고집하는 줄 알았던 상무도 외제 차가 있다.

몰랐다. 대기업 직원이라면 당연히 국산차 검은색 세단을 타야만 하는 줄 알았다. 오히려 상무에게 배신감을 느낀 다. 전무에게 고자질하고 싶다.

여차 저차 해서 두 명 모두 태우고 간다. 김 부장은 왜 최 부장을 멤버에 포함시켰는지 궁금하다.

어떻게 말을 꺼낼까 하다가 조심스럽게 묻는다.

"상무님, 전에 최 부장과 같이 친 적 있으셨나요?"

"최 부장이랑 필드는 처음이야. 이사 와서 커뮤니티 골프 장에서 최 부장을 우연히 만났어. 여기 사는지 몰랐는데 말이야."

김 부장은 상무가 무슨 말을 하는지 모르겠다. 커뮤니티 골프장이라니, 단지 내에 골프장이 있다는 건가?

상무가 말한다.

"같이 친 지는 좀 됐어. 이사 오자마자 봤지, 아마? 최 부장이 골프 치는지 몰랐어. 좀 치는 거 같더라고. 폼도 좋고"

최 부장이 말을 얹는다.

"아닙니다, 상무님. 저도 배우는 중입니다. 가끔 실외 연습장 가서 휘둘러보는데 실내랑은 또 다르더라고요. 오늘은 상무님께 한 수 배우겠습니다."

최 부장 이 자식, 아부가 장난 아니다.

그나저나 실내 연습장은 아파트 내에 있다는 건지, 어디에 있다는 건지 아직도 모르겠다.

김 부장은 아무 말 없이 새벽빛이 밝아오는 고속도로에서 아스팔트만 쳐다보며 운전한다.

골프를 치는 동안에도 김 부장 머릿속은 딴생각으로 가득하다.

상무님과 최 부장이 어떻게 같은 아파트에 사는 거지?

정문에서 지상이 아닌 지하 주차장으로 바로 연결되는 거야?

커뮤니티 골프장은 도대체 뭐야?

대화를 복기하느라 집중이 되지 않는다.

최 부장의 아부하는 듯한 말투도 신경을 긁는다. 사실 아부는 김 부장 본인이 최고라는 것을 본인만 모르고 있다.

6

운동을 마치고 예약해놓은 식당으로 들어간다.

최 부장이 잠시 화장실에 가자 이틈을 노려 잽싸게 물어본다.

"상무님, 이사는 언제 하셨어요?"

"몇 달 안 됐어. 갈 데가 없어서 어쩔 수 없이 거기로 갔지."

"아파트 보니까 신축 같던데, 살기 좋으세요?"

상무 혼자 있으니까 물어보지 최 부장이 있었으면 절대로 꺼내지 않을 이야기다.

"살기 좋지, 새로 지은 건데. 아파트 안에 필요한 게 다 있어서 밖에 나갈 일도 별로 없고 편하긴 편하더라고."

"부럽습니다. 저도 그런 데서 살아보고 싶습니다."

"에이, 사는 게 다 똑같지 뭐. 근데 나는 전세야. 최 부장이 거기를 잘 샀지. 최 부장네 집값이 많이 올랐어."

떵…….

최 부장이 전세이기를 간절히 바랐건만 자가였다. 집주인이다. 최 부장이…… 꾀죄죄한 최 부장이…… 나보다 훨씬 좋은 집에 산다. 몇 억이나 더 비싼 집에서. 차도, 양복도,

넥타이도, 시계도, 가방도, 구두도, 전부 내가 더 좋은 걸 하고 다니는데 정작 집은 최 부장 집이 더 좋다.

주문한 닭볶음탕이 나온다. 보글보글 끓는 뻘건 국물이 김 부장의 심정을 대변한다. 입맛이 뚝 떨어진다. 밥을 먹을 기분이 아니다.

최 부장이 돌아왔다. 우리가 하던 얘기가 들렸나 보다. "상무님, 이주비는 잘 해결하셨어요? 사시던 곳도 재건축 끝나면 진짜 좋을 것 같던데요."

"뭐, 기다려봐야지. 그 썩은 곳에서 사느라 힘들었어. 맨날 녹물 나오고. 으, 생각하기도 싫다."

"정말 고생하셨어요. 기다린 끝에 그래도 잘 풀려서 다행입니다, 상무님."

김 부장 기억에 상무가 전에 살던 아파트는 거의 흉가 수준이었다. 필드 가는 날 새벽에 상무를 태우러 가면 주차장에 차들이 양쪽으로 가득해서 차가 겨우 한 대 지나갈까 말까 할 정도였다. 이중 주차가 아니라 삼중, 사중 주차였다. 이런 아파트가 아직도 존재한다는 게 신기했다. 연봉도 많이 받는 상무가 왜 거기에서 사는지 이해가 가지 않았다. 주식 투자를 잘못해서 시원하게 말아먹은 줄로만 알았는데.

상무와 최 부장이 대화를 이어간다.

"최 부장 말대로 송 과장이랑 얘기를 좀 했거든. 송 과장이 계속 가지고 가라고 해서 지금까지 가지고 온 거야. 살기 너무 힘들어서 그냥 팔고 나올까 했어. 그때 와이프랑 고민 많이 했거든. 송 과장이 이런저런 이유로 계속 가지고 있으라고 했는데, 결국에 잘됐지 뭐."

"그러셨군요. 고생 많으셨습니다. 식사하시죠."

송 과장? 상무님이 송 과장한테 물어보고 집을 팔지 말지를 정해?

그런데 그 썩은 아파트를 계속 가지고 간다니 무슨 말이지? 혹시 재건축을 기다리나?

핸드폰을 꺼내서 원래 상무님이 살던 아파트를 검색해보고 싶지만 상무님 앞에서 사적인 일은 절대 하지 않는 김 부장이다.

머릿속에서 정리가 안 된다. 닭볶음탕이 꽤 매운데도 아무 맛이 느껴지지 않는다.

식사를 마치고 상무님과 최 부장을 내려주러 다시 그 이름 긴 아파트로 간다. 아파트 정문에 도착했다. 새벽에는 어두워서 보이지 않던 것들이 보인다. 높은 소나무들이 위압감 넘치게 쭉쭉 뻗어 있다. 김 부장네 아파트 화단에 있는 아담한 나무들과는 다르다.

7

집에 도착했다.

골프가방을 들고 올라와보니 아내는 늘 그랬듯이 인터넷 강의를 들으며 공부를 하고 있다. 아내가 무엇을 하는지는 관심이 없다. 자신이 이 가정의 중심이자 세상의 중심이기 때문이다.

김 부장이 말한다.
"여보, 상무님네 아파트 가봤는데 좋아 보이더라."
차마 최 부장이 거기 산다고는 말 못하겠다. 자존심이 허락하지 않는다.
"상무님이 어디 사는데?"

"그 얼마 전에 재개발 끝나고 입주했다는 거기…… 이름이 뭐더라……."

"아, 거기? 와 좋겠다. 그 아파트 단지 커뮤니티가 진짜 좋다던데."

김 부장은 '커뮤니티'라는 말에 귀가 쫑긋한다.

"혹시 단지 내에 골프장도 있어?"

"그럼, 있지. 최근에 지어진 아파트에는 실내 연습장은 다 있어. 스크린 골프장이나 수영장 있는 곳도 있고. 요즘 아파트 트렌드야."

세상물정 모르던 김 부장은 이제야 이해가 간다. 상무와 최 부장은 같은 아파트 단지 내에 있는 실내 골프 연습장에서 만난 것이다.

김 부장은 오늘 상무에게 들었던 이야기를 전한다.

"전에 상무님 사시던 아파트 기억 나? 완전 낡은 아파트. 그쪽 사시다가 이사 왔다고 하더라고. 입주 전까지 전세 사신대."

"아, 재건축 한다는 곳? 예전에 이주하고 철거한다고 들었는데 이주하셨구나?"

"근데 그 썩은 아파트가 우리 집보다 비싸?"

"재건축 얘기 나오기 전에는 우리 집보다 쌌는데 관리처분인가 되고 나서 확 올랐어. 내가 5년 전인가 이 집 팔고 거기 사자고 했었잖아."

김 부장은 도무지 기억이 나지 않는다.

"거기 입지 괜찮은 곳이라서 투자가치 좋은 거 같아 사려고 했는데 당신이 저런 곳에 사람이 어떻게 사냐고 진저리를 쳐서 못 샀잖아. 귀신 나올 것 같다고 당신이 뭐라 그랬었지. 그때만 해도 우리 집하고 별 차이 없었는데 지금은 가격 차이가 어마어마할 걸?"

어렴풋이 기억이 난다. 빈민가 같던 그곳. 대기업 부장이 살 만한 곳은 아니었다.

김 부장은 시세를 확인한다. 매물이 별로 없다. 가장 최근 시세를 봤는데 김 부장 아파트와 6억 차이가 난다. 최 부장네는 5억이 더 비싸고 상무 집은 6억이 더 비싸다. 내 집은 살 때와 비교해 두 배가 되었고, 최근에 3억이나 올랐는데 그보다 더 비싸다.

현기증이 난다.

아내 말에 의하면 재건축이 될 상무네 아파트는 더 고급스럽게 설계되었다고 한다. 상무가 왜 그 썩은 곳에서 살았는지 이제야 이해가 간다. 몸빵을 하고 있었던 것이다.

상무님과 최 부장을 데리러 갔을 때를 떠올려본다. 지하주차장에서 1층으로 걸어 올라가서 엘리베이터를 타는 우리 집과는 완전히 다른 환경이다. 으리으리한 정문도 없고, 웅장한 소나무도 없고, 커뮤니티 시설도…… 없다. 아담한 놀이터뿐이다.

김 부장은 손에 쥐고 있던 육포를 질겅질겅 씹으며 생각한다.

왜 그때 아내 말을 듣지 않았을까?

아니야, 내 선택이 맞아. 후회는 없어.

나는 집이 아니어도 성공할 수 있어.

전무님과 상무님 라인을 꽉 잡고 있잖아.

임원이 되는 순간 모든 게 역전이야.

아내가 말한다.

"주말에 거기 한 번 가볼래? 차들은 다 지하에 있어서 지상 1층이 공원처럼 되어 있대. 애들 키우기 좋겠더라. 물론 우리 애들은 다 컸지만. 단지 안에 공원처럼 산책로가 조성되어 있어서 멀리 공원까지 안 가도 단지 안에서 다 해결이 되나 봐."

가보고 싶다. 그러나 혹시라도 최 부장과 마주쳐서 입을
떡 벌린 채 감탄하고 있는 내 모습을 들키면 너무나 창피
할 것이 분명하다.

"아니야, 안 가. 백화점에나 가자."
"여보, 요즘 누가 백화점에 가? 아울렛도 충분히 좋은 거
많아. 뭐 살 거 있어?"

김 부장의 아내는 알뜰하고 헌신적이다. 그러나 김 부장은
딱히 필요한 게 없어도 산다. 그냥 목적 없이 소비하는 습
관이 들어 있다. 돈을 쓰면서 분비되는 도파민에 중독되어
있다.

그놈이…… 건물주라고?

1

월요일이다.

김 부장은 여러 가지로 우울하다. 김 부장을 우울하게 만든 사람은 없지만 스스로 우울감에 빠진다. 남과 비교하면서 우월감과 동시에 기쁨을 느끼며 살았던 김 부장이 이제는 남과의 비교로 우울하다. 술이 당긴다.

고등학교 친구들에게 연락해 가볍게 한잔하자고 한다. 김 부장처럼 취직해서 아직까지 직장 다니는 친구, 중간에 직장 그만두고 사업하는 친구, 일찌감치 은퇴해서 놀고먹는 놈팽이 친구, 김 부장까지 총 넷이다. 김 부장 회사 근처에서 모이기로 해서 김 부장이 장소를 정한다. 먼저 도착한 김 부장은 메뉴판을 보며 친구들을 기다린다.

얼마 후에 놈팽이 녀석이 택시에서 내린다. 직업도 없는 놈이 택시를 타고 다니다니, 김 부장은 이해가 안 간다.

"어이, 놈팽이 왔어? 오랜만이야."

"김 부장! 잘 살고 있…… 아닌가? 얼굴이 반쪽이 됐네. 무슨 일 있어?"

"어, 요즘 스트레스 받는 일들이 있어서. 이따가 얘기하자. 근데 넌 택시는 무슨 택시야? 지하철 놔두고……."

"급하게 처리하고 올 일이 있어서 택시 타고 왔어. 늦을까봐."

"네가 급하게 처리할 일이 뭐가 있어? 너 백수잖아."

김 부장은 장난인 척 시비를 건다.

"백수는 백수지. 그래도 소소하게 일은 한다, 인마."

"무슨 일 하는데? 취직했어?"

"나 원래 임대업 했잖아. 자식, 알면서. 오기 전에 임대 계약 건 때문에 정신없었어."

김 부장은 당황했지만 아무렇지 않은 척한다.

임대업? 저 놈팽이가…… 임대업? 오피스텔이라도 샀나?

놈팽이가 말을 이어간다.

"전체 층을 한 회사가 쓰고 있었는데 갑자기 나간다고 해서 멘붕이 왔지. 이래서 임차인이 한 명이면 어려워."

"무슨 소리야? 전체 층이라니?"

김 부장은 이제 표정을 숨길 수 없다.

전체 층을 쓰다니? 혹시⋯⋯ 설마⋯⋯ 건물⋯⋯?

"내가 전에 말했잖아. 작년에 8층짜리 건물 하나 샀다고."

단톡방에 친구들 소식이 올라오지만 읽지 않고 대수롭지 않게 넘겨버리는 김 부장이다. 김 부장은 듣기보다 말하기를 좋아한다. 주로 자기 잘난 이야기만 한다.

"건물을 샀어?"

"아, 왜 이래! 나 사표 던질 때 샀던 5층짜리 상가주택 팔고, 올 초에 대출 쫙 끌어서 샀다고 했잖아. 너 단톡방 안 보나?"

"아⋯⋯ 그, 그랬지⋯⋯."

"지금 들어와 있는 회사가 좀 오래 있을 줄 알았는데 갑자기 나간다는 바람에 다른 회사 들여서 임대 맞추느라 신경 많이 썼어. 주변 시세보다 좀 낮추고 2년에 3퍼센트씩 올리는 조건으로 했는데 잘한 건지 모르겠네."

놈팽이가 오래전에 왜 회사를 그만뒀는지 생각이 안 난다. 그냥 잘린 줄로 알고 있었다. 학생 때부터 놈팽이는 항상 느긋했다. 느긋했지만 실속은 있었다.

친구놈들 중에 건물주가 있을 줄이야.

내가 제일 잘나가는 줄 알았는데⋯⋯.

내 친구들 중에 내가 제일 잘나가는 사람이어야 하는데⋯⋯.

나보다 공부도 못했고, 대학도, 직장도, 사는 곳도 구린 이
놈팽이가 건물주라니.

2

김 부장은 진심으로 궁금하다.

금수저도 아닌 흙수저가 어떻게 건물주가 되었는지 그게
궁금한 게 아니라, 지금 월세를 얼마 받는지 그게 더 궁금
하다.

"월세는 얼마나 나와?"

"2천 정도 나오지. 근데 절반이 세금에 수리비로 빠지고
나면 남는 게 별로 없어."

김 부장은 속으로 숨을 삼킨다.

2천? 가만히 앉아서 2천?

놈팽이가 계속 말한다.

"말이 좋아 건물주지 완전 콜센터야. 조금만 문제 있어도

밤이고 새벽이고 시도 때도 없이 전화하고, 월세 안 내는 사람도 있고, 말썽 피우는 임차인 내보내는 것도 일이야. 그나마 지금은 사옥으로 쓰는 회사를 들여서 덜한 편이야."

김 부장 귀에는 배부른 소리로 들린다. 학창시절 시시덕거리며 술 마시고 미팅 하러 다니고, 코딱지만 한 자취방에서 라면 먹으면서 게임이나 하던 놈이 건물주라는 게 믿기지가 않는다.

김 부장은 건물주라고 하면 '불로소득, 악덕 임대업자, 금수저'가 떠오른다.

저 놈팽이 혹시 금수저였나?

아니다. 고등학교 때 놈팽이 집에 놀러간 적이 있는데 부잣집은 아니었다.

악덕 임대업자…… 저 성격에 그럴 놈은 아니다.

불로소득…… 그래, 불로소득은 맞는 것 같다.

아무것도 안 하고 돈 버는 것. 불로소득.

그런데 놈팽이가 방금 한 말을 들어보니 일은 조금 하는 것 같다. 그래도 불로소득이 맞다. 이런 생각들이 머리를 스쳐 지나갈 때 다른 친구들이 도착한다.

"어이, 김 부장! 어이, 놈팽이! 오랜만이야."

그래도 이 친구들은 김 부장이 속마음을 털어놓을 수 있는 친구들이다. 회사랑 집에서 있었던 열불 나는 일들을 싹 말해볼까 싶다.

삼겹살 4인분을 주문한다. 기름이 지글지글 녹으며 냄새가 진동한다. 보통 소맥으로 시작하지만 오늘은 바로 소주다.

서로의 안부를 묻다가 김 부장이 슬슬 시동을 건다.

"요즘 애들은 개념을 상실했어. 세상에, 회사에 외제차를 끌고 온다니까."

다른 친구가 대답한다.

"너네 회사 후배들이 외제차 끌고 온다는 얘기야?"

"그렇다니까. 새파랗게 어린 놈들이 외제차를 끌고 다녀. 그게 말이나 돼?"

김 부장은 소주를 따르며 당연한 듯 동의를 구한다.

"와, 이 인간 몰랐는데 수퍼 꼰대네. 드라마에나 나오는 꼰대가 여기 있었어. 하하하하."

"내가 무슨 꼰대야? 임원들도 국산차 타는데 과장 대리들이 외제차 가지고 오는 게 이해되냐?"

"인간아, 그건 조선시대 얘기고. 우리나라에 다섯 대 중한 대가 외제차야. 그리고 외제차가 뭐 어때서? 본인 자유지. 요즘 누가 외제차 탄다고 뭐라 하냐고. "

"그럼 집에서만 타든가 회사에 끌고 오는 건 진짜 아니잖아. 그런데 심지어 상무님도 외제차를 샀더라고. 대한민국 임원이 외제차는 진짜 아니지 않아?"

친구들은 김 부장을 한심하단 표정으로 쳐다본다.

"야, 김 부장, 고기나 처먹어."

김 부장은 삼겹살을 쌈장에 푹 담갔다가 우적우적 먹는다.

친구들이 공감을 안 해준다. 자기랑 같은 생각을 가지고 살고 있다고 믿었던 가장 가까운 친구들이 이런 생각을 하다니, 세상이 변했다는 생각이 든다.

나만 안 변한 건지, 세상이 너무 빨리 변한 건지.

내가 비정상인 건지, 저들이 비정상인 건지.

김 부장의 의식의 흐름은 소주와 함께 흘러간다.

3

술자리가 점점 무르익어가자 화제가 자녀 이야기로 옮겨간다.

김 부장은 여기에 대해서도 할 말이 많다.

"야, 우리 아들놈이 취직은 안 하고 장사를 하겠대. 이것 때문에 요즘 돌아버리겠어."

놈팽이가 대답한다.

"왜, 장사가 어때서? 취업보다 나은 거 같은데."

"말 같지도 않은 소리 하지도 마."

"장사도 타고나는 거야. 요즘 취업해봐야 회사에서 시달리기나 하지. 차라리 빨리 자기 일 하는 게 나을 수도 있어."

"대학 나오고 무슨 장사야? 대기업에 들어가야지. 장사한다고 하면 결혼도 못해요. 누가 알아줘? 여자들 다 도망가."

"외국이나 우리나라나 기업들이 시작할 때 다 구멍가게에서 시작했어. 그게 커지면 기업 되는 거야. 네 아들이 나중에 대기업 회장이 될지 누가 알아, 인마."

"말 같지도 않은 소리. 우리 애가 무슨 기업을 하냐? 그럴만한 애도 아니고. 우리처럼 회사 다니면서 사원증 목에 걸고 폼 나게 사는 게 최고야."

김 부장은 매일 아침 출근하기 전 수트를 걸치고 전신 거울 앞에서 어깨를 편 자신의 모습이 뭉게뭉게 떠오른다. 자신도 모르게 뿌듯한 미소를 짓는다.

친구들이 와르르 웃는다.

"회사원이 폼이 나? 그건 네 생각 아니야? 무슨 회사원이 폼이야, 그냥 일하는 기계지. 요새는 노예라고 하더라."

놈팽이가 한마디 더한다.

"내 아들이 만약에 졸업하자마자 장사하겠다고 하면 나는 적극 밀어줄 거야. 지금 공무원 준비한다고 몇 년째 뭉개고 있는데 답답해 죽겠어."

"무슨 소리야? 장사꾼보다 공무원이 훨씬 좋지. 안정적이고 이미지도 좋고."

김 부장이 항변해본다.

"너는 그렇게 생각할지 몰라도 나는 아니야. 애들 젊을 때 뭐라도 해봤으면 좋겠어. 근데, 니 아들놈은 무슨 장사를 한대?"

"몰라. 인터넷으로 뭘 판다는데, 뭔지 모르겠어. 집에 박스들이 잔뜩 쌓였는데 다 버려버리고 싶어."

"따로 돈 드는 것도 아니네. 월세나 인건비 나가는 것도 아닌데 그냥 하게 내버려둬."

"아, 몰라. 집에 가면 아들내미 때문에 스트레스 받아."

"애 하고 싶은 거 하게 놔둬라. 자식이 네 소유물이냐? 요즘 애들 똑똑해서 알아서 잘만 하더구만."

친구들은 이번에도 내 편을 들어주지 않는다. 술이 점점 취해간다. 검게 타버린 삼겹살을 구운 김치에 돌돌 말아 입에 넣는다. 바삭거리는 게 맛있다.

다른 친구가 놈팽이에게 묻는다.

"놈팽이, 너는 평소에 뭐하냐?"

"음…… 아침에 일어나면 헬스장 가서 운동하고 집에 와서 씻고…… 신문 좀 보고…… 와이프랑 식사하러 나가기도 하고 얘기도 하고 뭐. 어떤 날은 부동산 임장 다니고 어떤 날은 등산하러 가기도 하고 …… 건물에 하자 있다고 연락 오면 바로 달려가고, 뭐 그러고 살아."

"와 부럽다. 진짜 자유인이네."

"시간을 내 마음대로 쓸 수 있다는 게 제일 좋지. 지금 다시 회사 다니라고 하면 난 못 다닐 것 같아."

"나도 당장 회사 때려치우고 싶은데 애들 결혼도 시켜야 되고 나가서 할 일도 딱히 없고……."

김 부장이 끼어든다.

"왜 벌써 회사 그만둘 생각을 해? 우리 아직 젊어. 저 놈팽이가 특이한 케이스지."

"우리가 젊다고? 지금 우리 나이에 회사에서 정리되는 사람이 얼마나 많은데. 얼마 전에 내 동기가 잘리고 중소기업 취직했는데 전에 받던 연봉의 반도 못 받고 다니더라."

"설마 우리가 그러겠냐. 쫄지 마, 쫄지 마."

순간 김 부장의 머릿속에 지방 발령을 받고 내려간 동기들, 희망퇴직한 동기들이 떠오른다.

나와는 상관없는 일이야, 아무렴.

김 부장이 술을 마신 건지, 술이 김 부장을 마신 건지 알딸딸한 가운데 희망회로가 돌아간다.

김 부장은 소주잔을 가득 채운 후 단숨에 털어넣는다. 머리가 팽팽 돈다. 건물주 놈팽이 얼굴이 세 개로 보인다.

놈팽이 저 놈이 어떻게 건물주가 됐지?

물어보고 싶은데 물어볼 정신이 아니다. 소주만 연거푸 들이켠다. 오랜만에 친구들과 만나 옛 이야기를 하다 보니 시간이 어떻게 흘러가는지를 모르겠다.

4

너무 달렸나?

3차인지 4차인지 모를 술자리를 끝내고 친구들과 헤어지니 아침 6시다. 이대로 집에 들어가서 씻고 옷 갈아 입으면 지각할 게 뻔하다. 회사로 바로 가서 휴게실에서 잠깐이라도 눈을 붙이는 게 낫겠다 싶다.

건물 전체가 어두컴컴하다. 사원증을 찍으니 문이 열린다. 불 꺼진 복도를 지나 김 부장은 자기 자리로 걸어간다.

"깜짝이야!"

누군가 앉아 있다. 귀신인 줄 알았다. 술이 확 깨는 기분이다.

송 과장이다. 김 부장 옆옆 자리인 송 과장이 새벽부터 출근해 있다.

"소…… 송 과장, 뭐해?"

"부장님! 안녕하세요. 일찍 오셨네요. 책 읽고 있습니다. ……괜찮으세요?"

"어, 어…… 아니야. 나 좀 쉴 테니까 일 봐."

술 냄새를 풀풀 풍기며 휴게실 소파에 쓰러진다. 머리가 깨질 것 같고 어지러운데, 막상 누우니 잠이 안 온다.

송 과장이 왜 이 새벽부터 출근해 있을까?

송 과장은 항상 책을 옆구리에 끼고 출퇴근한다. 무슨 책을 보는지 궁금하다. 아마도 김 부장이 초등학교나 중학교 때 보던 《퇴마록》이나 《드래곤라자》 같은 판타지 소설일 것이다. 아니면 《슬램덩크》,《드래곤볼》 같은 만화책이겠지.

김 부장은 교과서 외에는 딱히 책을 읽은 적이 없다. 아마도 부장 진급 때 보던 토익 문제집이 마지막인 것 같다. 이런 생각을 하다가 스르르 잠이 든다.

바스락 소리에 화들짝 놀라 일어난다. 시계를 보니 9시다. 급하게 화장실로 가서 폭풍 양치질을 한다. 머리는 떡이 되어 있다. 수염은 덥수룩하다. 손에 물을 묻혀 대충 빗어 내린다. 자리에 앉아 팀원들을 물끄러미 바라본다. 술기운이 여전하다. 몽롱하다. 어제 친구들과 무슨 이야기를 했는지 생각이 안 난다. 친구들한테 엄청 잔소리 들은 것 같은 기억뿐이다. 놈팽이가 건물주였다는 게 가장 충격이 크다. 숙취에 머리가 아파서 질투고 뭐고 정신이 없다.

새벽에 본 귀신, 아니 송 과장 모습이 다시 떠오른다. 송 과장은 매일 같이 무슨 책을 그렇게 열심히 보는지 궁금하다. 회사에서 별로 존재감 없는 송 과장…….

상무가 송 과장한테 물어보고 집을 선택했다는 말이 생각난다. 최 부장이 송 과장에게 물어보고 집을 선택했다는 말이 생각난다. 상무와 최 부장이 자신들의 부동산 문제를 왜 송 과장에게 물어봤을까? 남다른 성과와 카리스마로 성공가도만 달려온 상무가 왜 저 새파란 송 과장에게…….

모르겠다. 여전히 술기운이 가시지 않는다.

하루 종일 졸다가 멍 때리다 보니 어느새 퇴근 시간이다. 붐비는 지하철을 뚫고 집에 도착하자마자 샤워를 한다. 어제 머리를 안 감아서인지 머리카락이 평소보다 더 많이 빠진다. 이제 정신이 좀 든다. 문득 아들이 취직준비를 잘하고 있는지 궁금하다. 전에 화낸 것도 미안하다. 김 부장은 아들을 잘 달래서 장사할 마음은 접게 해야지, 하고 다짐한다.

5

김 부장은 아들을 불러낸다.

"아들 뭐해?"

"네, 그냥 있어요."

"취직준비는 잘돼가?"

"하고는 있기는 한데…… 잘 안 되네요."

"너 인터넷으로 물건 판다는 거 아직도 하니?"

아들은 혹시나 김 부장이 마음이 바뀌었나 싶어 표정이
밝아진다.

"아르바이트 할 때보다 수입도 좋고 시간도 많아서 좋아
요. 신경 쓸 일은 더 많지만요."

"어휴, 아직도 한다는 얘기구나. 아빠가 그만하라고 했잖
아. 제대로 취업을 해야지, 취업을."

아들은 다시 표정이 어두워진다.

"아빠, 그냥 다 말씀드릴게요. 회사 다니는 선배들이 그러
는데 재미없고 일할 맛도 안 난대요. 월급도 생각보다 너
무 적고요."

"너 지금 돈 때문에 하려는 거야?"

"돈 때문이 아니라 재미있는 일 하면서 돈도 잘 벌면 좋잖아요. 그리고 솔직히 취직이나 장사나 전부 돈 벌려고 하는 거 아닌가요?"

"회사를 다녀보지도 않고 재미있는지 없는지 어떻게 알아? 그리고 선배들은 네가 자기들보다 더 좋은 회사 들어갈까 봐 그런 헛소리 하는 거야. 그런 얘긴 듣지도 마."

"설마요……."

"주변에 장사하면서 돈 많이 벌었다는 사람들 있어? 그리고 그 사람들이 행복한지 한 번 봐라. 맨날 '돈돈'거리면서 탈세하고 손님 바가지 씌우고, 다 그런 사람들이야. 너는 잘 알지도 못하면서 그래."

"그건 일부 사람들 얘기잖아요."

"아니야. 장사나 사업이나 다 탈세하고 사기 치는 거야."

"요즘 세상에 탈세가 그렇게 쉬워요? 그러면 카센터 하시는 큰아버지도 그런가요?"

"큰아버지는 다르지. 그 카센터에서 오래 일하다가 인수한 건데, 케이스가 다르지. 그리고 차 고치는 게 얼마나 힘든 일인지 알아? 맨날 기름 묻히고 다니는데."

"큰아버지 힘드신 거 알아요. 근데 다른 사업하는 사람들도 힘든 건 마찬가지잖아요."

지지 않고 대꾸하는 아들의 말에 당황한 김 부장이 속으로만 품고 있던 생각을 꺼낸다.

"내가 이런 얘기까지 안하려고 했는데, 생각해봐라. 힘든 걸 떠나서 네 사촌형이 얼마나 창피하겠니? 큰아버지가 얼굴에, 옷에 기름 묻히고 다니잖아. 난 쪽팔려서 같이 밥도 못 먹겠더라."

"그게 뭐가 창피해요? 저는 큰아버지 일하시는 거 전혀 하찮아 보이지 않아요. 오히려 너무 좋아 보이던데요. 사장, 직원 구분 없이 같이 열심히 일하시는 모습도 좋고, 또 쉴 때는 화끈하게 일주일씩 쉬고 그러잖아요."

"그건 네가 아직 사회를 몰라서 그래. 겉으로 보이는 게 얼마나 중요한데. 그리고 사업하다 보면 사람이 욕심이 생기고 자기도 모르게 뒷돈 챙기고 안 좋은 생각하게 돼 있어. 크게 사업해서 잘된 사람들은 다 사기 쳐서 그렇게 된 거야. 직원들 등쳐 먹고 손님들 등쳐 먹고."

아들은 말문이 막힌다.

"병원 운영하는 이모는요? 그럼 이모도 사기꾼이에요?"

김 부장은 슬쩍 아내 눈치를 본다.

"의사가 하는 일에 비해 돈을 너무 많이 버는 건 사실이지. 잠깐 환자 보고 돈 받는 거 보면 진짜 땡 보직이잖아. 의사들도 한 번 싹 갈아 엎긴 엎어야 돼."

아들은 어이가 없다. 실망한 눈빛이 가득하다.

"아빠, 의사 되려면 고등학교 성적 최상위권에 의대 합격해서 6년 공부하고 인턴 1년 하고 잠도 못 자가면서 레지던트 4년을 꼬박 해야 해요. 남자면 3년 군의관도 다녀와야 하는 거 아시잖아요."

"그건 내가 알 바 아니고. 아무튼 사업하는 사람이나 의사나 다 사기꾼이야. 다들 너무 쉽게 돈을 벌어."

아들은 할 말을 잃는다. 아빠가 이런 생각을 하고 있을 줄은 꿈에도 몰랐다. 그동안 아빠를 존경해왔는데 앞으로는 달리 보일 것만 같다.

6

보다 못한 아내가 끼어든다.

"여보, 의사들이 무슨 사기꾼이야. 당신이 아프면 누구한테 가는데? 의사한테 가잖아. 그만큼 중요한 직업이고 스트레스 많이 받는 만큼 버는 거야."

아내의 말에 김 부장은 더 굽히지 않는다.

"돌팔이들이 얼마나 많은데? 의사들 다 꼴 보기 싫어."

아들은 방으로 들어간다. 이어폰을 끼고 음악을 크게 튼다. 더 이상 아빠에게 실망하기 싫다.

아들의 방문이 닫히는 것을 지켜보던 아내가 말한다.

"그리고 사업하는 사람들이 왜 사기꾼이야? 회사 망하면 누가 책임 져? 직원들이 책임 안 지잖아. 사장이 다 책임지지. 그 대가로 직원들보다 돈 많이 버는 거잖아."

"흥, 원가는 10만 원인데 20만 원에 파는 게 사기지 뭐야."

"당신이 좋아하는 스타벅스 커피, 그거 원가 몇십 원밖에 안 해. 그런데 몇천 원에 팔아."

"그건 스타벅스잖아, 스. 타. 벅. 스."

"원가에 수십 배 붙여 파는데 그럼 스타벅스도 사기야? 인건비, 임대료, 유통비, 세금, 기타 잡비용에 그동안 쌓은 네임밸류까지 붙여서 파는 거잖아. 원두값 말고도 나가는 비용이 좀 많아? 다른 장사하는 사람들도 다 마찬가지야."

김 부장은 아무것도 모를 줄 알았던 아내가 이런 것까지 안다는 게 조금 놀랍다. 오늘은 숙이고 들어가야겠다.

"아, 몰라. 아무튼 난 쟤가 취업 안하고 장사하겠다는 건 절대 반대라는 것만 알아둬."

"여보, 본인이 재미있다잖아. 거기다 돈도 잘 벌리니까 더 재미있는 거고. 요즘 그런 일 찾기가 쉬워? 다들 하기 싫은 일 억지로 하면서 살잖아."

"아니 회사 다녀보지도 않고 재미있는지 안 재미있는지, 적성에 맞는지 안 맞는지 어떻게 알아? 그리고 형님이 카센터 일주일씩 문 닫고 휴가를 써? 그걸 쟤가 어떻게 알아?"

"왜 몰라? 나도 아는데. 직원들이 있으니까 한 번씩 길게 쉬시더라고. 조카들이 그때마다 여행 사진 올리는 거 보면서 부러웠나 봐. 외국도 많이 다녀온 것 같던데. 그러고 보니 우린 애하고 해외여행 가본 지 너무 오래됐어. 국내여행도 언제 다녀왔는지 기억도 안 나."

김 부장은 명절 연휴에도 회사에 출근하곤 했다. 말 그대로 회사는 김 부장의 전부이자 모든 것이다. 아들 졸업식, 입학식도 회사일로 가지 않았다. 아내 생일과 결혼기념일도 제대로 챙긴 적이 없다. 가족과의 추억보다는 회사에서의 승진과 평판이 더 중요하니까. 가족 여행도 언제 다녀왔는지 기억 속에서 흐릿하기만 하다.

집에도 내 편은 없구나.

김 부장은 소파에 누워 핸드폰을 만지작거린다. 카톡이 온다. 어제 친구들과 술 먹고 엉망이 된 사진, 지글지글 익은 삼겹살 사진, 취해서 이상한 표정을 짓고 찍은 사진들이다. 지금은 비록 중년이지만 어린 시절 친구들만 만나면 그때 그 시절로 돌아간다. 다 늙은 친구들이 'ㅋㅋㅋㅋㅋㅋ'을 연발한다. 그래도 이런 친구들이 있어 즐겁다.

카톡을 슥슥 넘기다가 문득 평소에 보지 않던 사람들의 카톡 프로필 사진을 열어본다.

놈팽이 카톡에는 헬스장 거울 앞에서 찍은 셀카, 산에서 부인이랑 찍은 사진들이 있다. 페인트랑 타일, 도배지, 벽돌 사진도 있다.

상무는 풀스윙 하는 사진을 올려놓았다. 김 부장이 일요일에 찍어준 사진이다. 스무 장을 찍었는데 그중 가장 잘 나온 사진을 올려놓았다.

최 부장은 딸내미 사진만 50장은 있는 듯하다. 혹시 그 썩은 차 말고 다른 차가 있는지 단서를 찾기 위해 매의 눈으로 살펴본다.

카센터 하는 큰형 프로필에는 조카들과 형수 사진이 가득하다. 배경을 보니 외국 느낌이 난다. 아니 외국임이 분명하다. 시커먼 기름 범벅인 채로 직원들과 어깨동무하고 찍은 사진도 있다. 큰형은 이런 사진을 왜 올리는지 모르겠다.

송 과장은 어디인지 모를 시골 사진을 올렸다.

정 대리는 자기 외제차 헤드라이트 사진을 올렸다.

권 사원은 고양이 사진을 올렸다.

아들의 카톡 프로필에는 가방 사진이 있다.

아내는 옛날에 여행 가서 찍은 가족사진을 올려놓았다. 사진 속의 내 모습이 낯설어서 나도 누구인지 모를 정도다. 너무 오래전 사진이다.

김 부장은 여행을 가본 지가 너무 오래돼서 여행이 주는 즐거움조차 잊었다. 여행 가면 돈만 쓰는데 왜 좋다는 건지 모르겠다. 그래도 일주일씩 휴가 쓰는 큰형이 아주 조금은 부럽기도 하다.

김 부장은 아들에게 그리고 아내에게 미안한 마음이 든다. 하지만 다 가족들 먹여 살리려고 그런 것이니 정당하다. 어쩔 수 없는 일이지 않은가. 김 부장은 미안해하지 않기로 한다.

부동산 투자도 잘하는 대기업 부장

1

아침이 밝았다.

지하철에는 오늘도 사람이 많다. 맨 끝자리가 비어 있는 게 보인다. 잽싸게 뛰어가 앉았더니 발밑이 핑크색이다. 임산부 전용 좌석이다. 주변 사람들 눈초리에 슬며시 일어난다.

흔들흔들 지하철 손잡이에 몸을 맡긴 채 멍 때리다 보니 놈팽이가 한 말이 떠오른다.

월 2천…… 월 2천…….

김 부장은 본인과의 격차가 너무 커서 질투심조차 들지 않는다. 그냥 다른 세상 얘기 같다. 부럽진 않다. 부러우면 지는 거다.

그런 생각을 하다가 주식 앱을 켠다. 전에 열었을 땐 분명

플러스 500만 원이었는데 지금은 플러스 300만 원이다.

200만 원을 잃었다는 느낌이 든다.

500만 원일 때 팔 걸 후회한다.

200만 원 손해 봐서 너무 억울하다.

회사 근처에 있는 스타벅스에 가서 기분을 달래고 싶다.
스타벅스에 들어가려고 문을 여는 순간, 갑자기 손해 본
200만 원이 생각난다.

발걸음을 돌려 사무실로 향한다. 그런데 왠지 오늘은 믹
스 커피가 마시기 싫다. 저쪽으로 빽다방이 보이고 이디야
가 보인다. 김 부장의 리스트에는 없던 매장들이다. 한 블
록 건너에 던킨이 보인다.

그래, 도넛을 사면서 커피를 같이 사는 거야. 뉴요커처럼
말이지.

나는 절대 싸구려 커피를 마시는 게 아니야. 도넛을 잘 넘기
기 위해 곁들일 게 필요한 것뿐이야. 커피는 그저 거들 뿐.

도넛을 왼손에 커피를 오른손에 들고 사무실로 들어간다.

사원증을 들고 찍을 손이 없어 허리를 굽혀 태그를 한다.

사무실에서는 최 부장과 송 과장이 대화를 나누고 있다.

무슨 이야기를 하는지 즐거워 보인다.

설마 내 얘기를 하는 건 아니겠지?

촉을 세운다. 들어보니 내 얘긴 아니다. 부동산 이야기를 하고 있다.

저 꾀죄죄한 최 부장이 나보다 훨씬 더 좋은 집에 살고 있다니, 아들 진로 때문에 잠시 잊고 있던 질투의 감정이 올라온다. 괜히 마음이 조급해진다.

최 부장을 따라잡아야겠다. 지금은 최 부장보다 안 좋은 아파트에 살지만 내가 마음만 먹으면 금방이다.

모든 면에서 내가 훨씬 뛰어나니까.

존경하는 상무님이 나보다 좋은 아파트에 사는 것은 인정하지만, 최 부장은 인정할 수 없다.

나도 어디 투자해서 더 비싸고 고급스러운 아파트로 이사 가야겠다.

김 부장은 우걱우걱 도넛을 씹으며 다짐한다.

2

오후에 송 과장과 경기도 인근에 출장이 잡혔다.

송 과장의 차를 타고 목적지로 간다. 가는 길에 물어볼 것이 많다. 그간 상무와 무슨 얘기를 했는지, 최 부장과는 어떤 얘기를 했는지, 왜 어제 새벽에 귀신처럼 앉아 있어서 나를 놀라게 했는지, 무슨 책을 그렇게 읽는지, 휴가를 써야 할 정도로 중요한 부동산 계약이 도대체 뭔지…….

"송 과장, 상무님이 집 문제를 송 과장한테 물어보셨다는 데…… 맞아?"
"네, 맞습니다. 상무님이 살고 계시는 재건축 아파트를 팔까 말까 고민하시더라고요. 먼저 오셔서 물어보셨어요."
"상무님이 왜…… 송 과장한테…… 물어보셨을까?"
"아, 제가 입사 전부터 부동산 투자를 좀 했거든요. 그게 주변 사람들한테 소문이 났는지 상무님까지 아시게 됐나 봐요."
"송 과장이 부동산 투자를 했어? 돈 좀 벌었나?"
"뭐, 차익 실현한 것도 있고, 아직 가지고 있는 것도 있고요. 옛날 시세 그대로인 것도 있어요."

"사실 우리 집도 두 배가 올랐어. 최근에 3억이나 올랐더라고."

"좋으시겠습니다. 부장님도 부동산 투자하시나 봐요?"

"흠흠, 뭐 조금 하고 있지. 주식도 하고 부동산도 하고…… 나도 이것저것 해."

"제가 모르는 것 있으면 여쭤보겠습니다. 주변에서 이렇게 같이 정보 주고받는 게 중요한 것 같더라고요."

"그, 그래…… 언제든지 물어봐."

출장 간 곳은 신도시가 들어서는 곳이다. 휑하다. 여기저기 공사가 진행 중이다. 한창 공사 중인 가운데 먼저 지어진 새 건물에 편의점이 하나 들어서 있다.

일이 끝나고 편의점에 가서 송 과장과 옥수수 수염차를 산다. 야외 플라스틱 테이블에 앉아 음료를 마시며 핸드폰으로 이메일을 확인하는데 저쪽에서 양복 입은 두 사람이 다가온다. 그들이 신은 구두가 김 부장 구두보다 더 번쩍인다. 머리에는 참기름이 잔뜩 발려 있다. 햇빛이 구두에 반사되어 눈이 부시다.

"사장님들, 안녕하세요? 괜찮은 상가 하나 소개해드릴게요. 지금 투자하시면 준공 후에 월세 삼사백은 따박따박 받으실 수 있습니다."

슬쩍 송 과장을 쳐다보니 별 관심이 없어 보인다.

반응이 없어도 계속 말을 건다.

"저기 짓고 있는 거 보이시죠? 저기가 여기 신도시의 중심이 될 곳입니다. 저희가 땅을 선점해서 상가 올리고 있어요. 1층은 카페나 베이커리 들어오면 딱이고요. 2층부터는 병원 넣을 수 있고요. 학원도 가능합니다. 요새는 필라테스, 요가 시설도 많이 들어옵니다. 지금 저희가 갖고 있는 회사 보유분 특별 할인 하고 있는데 관심 있으면 연락주세요. 시세 대비 3억 빼드릴게요. 지금 거의 다 나가고 몇 개 안 남았어요. 다행히 코너 자리가 두 개 남아 있습니다."

말이 청산유수다. 김 부장은 혹한다.

매달 삼사백이라…….

일을 안 해도 아내와 둘이 살기에는 충분한 돈이다. 게다가 시세 대비 3억이나 싸게 준다니 초대박 할인이다.

김 부장이 말한다.

"명함 하나 주세요. 입지랑 가치 분석 해보고 연락드릴게요."

부동산 거래를 한 번도 해본 적 없는 김 부장이 허세를 부린다.

"네, 지금 뼈대 다 올라가서 내년 이맘때쯤이면 준공될 거예요. 빨리 잡으셔야 합니다. 수고하세요, 사장님들."

그들이 돌아가자 송 과장이 말한다.

"부장님, 분양 상가 잘못 물리면 되돌릴 수가 없습니다. 부장님도 잘 아시겠지만요."

"알지, 나도 잘 알지."

김 부장은 잘못 물리니 뭐니 무슨 말인지 잘 모르겠다. '따박따박 월 삼사백'만 귀에 꽂힌다.

친구 놈팽이처럼 일 안 해도 되는 거다.

저런 상가 세 개만 있으면 1천만 원이 매달 들어오는 수식이 성립한다.

불로소득의 기회다.

행운의 여신은 이렇게 찾아오는 거구나.

놈팽이도 이렇게 행운의 여신이 찾아와서 건물주가 된 거라 추측한다. 단지 나보다 그 여신이 빨리 왔을 뿐.

다시 송 과장 차를 타고 돌아간다. 송 과장이 집까지 데려다준다고 한다. 이참에 김 부장은 아까 못다한 질문을 더

하기로 했다. 송 과장이 나의 존경하는 상무님에게 무슨 설명을 했는지, 둘 사이에 어떤 내용이 오갔는지.

한편으로는 상무님이 나를 건너뛰고 내 팀원인 송 과장과 직접 이야기를 한 것이 기분이 좋지 않다. 송 과장에게 꼬치꼬치 묻는 게 자존심이 상하지만 그래도 궁금해서 참을 수가 없다.

3

[3년 전, 송 과장과 상무의 이야기]

갑자기 이사(현재 상무)가 부른다.

"송 대리(현재 송 과장), 오늘 점심 괜찮아?"

"네, 이사님. 괜찮습니다."

"12시까지 내 방으로 와줘. 나가서 먹자."

두 사람은 근처 김치찌개 식당으로 간다.

"이모, 여기 김치찌개 2인분하고 계란말이 큰 거 하나 주세요. 중요한 손님이에요."

"아저씨, 또 오셨네. 무슨 맨날 중요한 손님이야. 기다려, 금방 해줄게."

"여기 자주 오시나 봐요?"

송 대리가 물티슈로 손을 닦으며 묻는다.

"어, 개인적인 면담이나 사적인 일 얘기할 때 자주 와. 내 방이나 임원식당에서 하면 너무 딱딱하잖아. 불편하기도 하고."

"네, 그러시군요."

"송 대리한테 개인적인 얘기 좀 하려고 하는데 괜찮을까?"

"네, 괜찮습니다."

드디어 이사가 진짜 용건을 꺼낸다.

"내가 사는 데가 말야. 재건축을 추진하고 있는데…… 이거 계속 살아야 하나 싶어서."

"아, 예전부터 사시던 그곳이요?"

"어, 거기. 근데 얼마 전 집사람이 장 보고 계단 올라가다가 무릎을 삐끗했거든. 나도 추운데 차 밀고 빼고 하는 것도 귀찮고. 애들도 다 커서 둘이서 큰 평수 사는 것도 의미 없고 청소만 힘들더라고. 여러 가지 생각해서 그냥 팔고 작은 데로 이사 갈까 하는데, 송 대리 생각은 어떤가 해서."

송 대리는 잠시 생각 끝에 신중하게 말을 꺼낸다.

"사모님 일은 안타깝습니다만, 그래도 이사님이 계속 가지고 가시면 좋을 것 같습니다."

"왜? 몇 년째 가격은 안 오르고 조합에서도 소송 중이고, 복잡해."

"저도 소송 기사 봤는데요. 별 영향 없을 것 같습니다. 몇 년간 횡보하고 약보합세였던 것은 맞는데요. 공급량이 대폭 줄어드는 시기가 오고 있어요. 자연스럽게 매매가가 올라갈 거라고 봅니다. 어쩌면 자연스럽지 않게 쭉쭉 올라갈 수도 있고요."

이사의 눈이 똥그래진다.

"공급량이라면 신축 아파트?"

"네, 신축이 정말 귀해지는 시기가 올 것 같아요. 어쩌면 지금부터 시작일 수도 있고요. 이사님 댁처럼 재건축을 막바지에 앞두고 신축될 곳들이 몇 년 뒤에는 부동산 아파트 시장을 좌지우지할 수도 있을 것 같습니다."

"그걸…… 어찌 아나?"

"이사님도 아시다시피 제가 사원 때부터 아파트와 토지에 투자를 해왔잖아요. 주말에는 부동산 돌아보는 게 취미이고, 임장 다니면서 동네 맛집 찾아다니는 것도 좋아하고요. 물론 본업도 열심히 합니다. 하하."

송 대리가 머쓱하게 웃는다.

"알지, 송 대리가 일 열심히 하는 거. 일 얘기는 안 해도 돼."

"네, 감사합니다. 저뿐만 아니라 부동산 투자하는 사람들은 지금이 상승기 초입이라는 걸 알 거예요. 미국이 저금리 기조를 보이고 있고, 아직은 소득 대비 집값이 낮기도 하고, 입주물량도 급격히 줄고⋯⋯. 제가 대단해서가 아니라 다 공개된 자료로 예측한 것뿐이에요. 이사님, 꼭 가지고 가세요. 제가 경험은 짧지만 부동산은 사고 팔고 반복하는 것보다 괜찮은 물건을 쭉 들고 가는 게 좋더라고요."

돼지고기가 가득 들어 있는 김치찌개가 나왔다. 계란말이는 넓은 접시에 꽉 차 푸짐하다.

"최 차장(현재 최 부장)은 분양권 샀다던데 지금 집 팔고 거기로 옮기는 건 어때?"

"거기도 좋긴 한데요. 이사님 댁이 더 좋습니다. 이사님 댁이 완공되면 최 차장님 댁은 구축으로 보일지도 몰라요. 학군도 다르고요. 그리고 이사님 댁이 세대수도 훨씬 많아요. 중요한 건 이사님 댁처럼 저층 아파트는 서울에 거의 없다는 거예요. 만일 작은 평수 신청하시면 몇억은 환급

받으실 것 같은데요. 맞죠?"

"어, 그렇다고는 하는데…… 녹물에, 주차에, 계단도 너무 힘들고…… 시세도 안 오를 거 같고……. 그래도 계속 가지고 가라는 거지?"

"네, 이사님."

"흠, 그래. 알았어. 송 대리 믿고 가지고 갈게."

이사는 송 대리 앞접시에 두툼한 돼지고기를 올려준다. 식사가 끝나고 계란말이 하나가 남았다.

"송 대리가 마지막 거 먹어."

4

[4년 전, 송 과장과 최 부장의 이야기]

최 차장(현재 최 부장)이 송 대리를 조용히 부른다.

"송 대리, 잠깐 시간 좀 내줄 수 있어?"

"네, 차장님."

"차 한잔하는 게 어때? 지하에 있는 공차로 가자."

"네."

최 차장과 송 대리는 공차로 내려간다. 점심시간에만 북적

거리고 그 외 시간은 조용한 곳이다. 블랙 밀크티와 타로 밀크티를 주문한다.

블랙 밀크티를 한 모금 마신 최 차장이 말한다.

"송 대리, 사실 이사를 하고 싶은데 좀 물어보려고. 요즘은 1주택자들은 청약이 거의 힘들잖아."

"그렇죠. 청약은 힘드시겠네요. 요즘 만점에 가까운 사람들이 몇십만 명이라서요."

"그렇지. 그렇다고 들었어."

"그러면 청약 말고 매매하시는 방법밖에 없어요."

송 대리는 간단하게 대답한다.

"그럼 어디가 좋을까? 우리 부부가 그동안 재테크를 제대로 못해서 남들이 아파트로 돈 벌 때 한 푼도 못 벌었거든."

최 차장은 자신의 상황을 솔직하게 얘기한다.

"그럼 거주 편리성보다는 투자 비중이 큰 거네요? 서울 어디든 상관없으세요?"

"어. 상관없어. 딸도 다 컸고."

"그러면 한 번 찾아볼게요. 실례지만 예산은……?"

최 차장이 빨대를 입에 물고 양쪽 볼이 쏙 들어가도록 빨아들인다. 검정색 펄이 두툼한 빨대를 따라 우르르르 올라간다. 질서정연하다.

"그건 와이프한테 물어볼게. 와이프가 우리집 재무부 장관이거든. 하하."

"네, 알겠습니다. 내일이나 내일모레 다시 차 한잔하시죠."

"고마워, 송 대리. 부탁 좀 할게."

최 차장은 뭐 하나 부탁해도 '고맙다, 부탁한다'라는 말을 꼭 전한다. 후배에게도 먼저 인사한다. 웃으며 대하니 후배 입장에선 푸근한 삼촌 같은 느낌이다. 권위적인 누구와는 사뭇 다르다고 송 대리는 생각했다.

다음 날, 송 대리가 최 차장을 찾아왔다.

"차장님, 제가 알아본 곳인데요. 회사랑 멀지도 않고, 이 일대가 재개발이랑 재건축을 하고 있어서 동네 자체가 확 좋아질 거거든요. 그중에 곧 입주 시작할 곳인데 분양권 매물이 좀 있더라고요."

"오…… 고마워, 송 대리. 한 번 보자."

"프리미엄이 2억 정도 붙어 있긴 한데 완공하고 입주 시작하면 더 오를 것 같아요."

"2억? 그럼 처음 분양받은 사람은 그냥 2억을 먹는 거야?"

"아, 네. 그렇게 생각하실 수도 있는데 또 그렇게 생각하면 사기가 힘들죠. 하하."

"어우, 프리미엄만 2억이라…… 괜찮을까?"

"옆쪽에 재건축 단지도 좋은데 매물이 적다 보니 그쪽 금액이 좀더 비싸요. 이사님 사시는 아파트요."

"아, 거기가 이사님 댁이구나. 몰랐네."

"분양권도 좋고 이사님 아파트도 좋으니 부동산 가셔서 한 번 보세요."

"그래, 가봐야겠네. 고마워, 송 대리."

그날 저녁 최 차장이 문자를 보냈다.

'송 대리 계약했어. 고마워. 와이프도 좋아해. 내일 보자고.'

업무 스타일이 시원시원하신 분이라 그런지 이런 결정도 빠르다.

5

송 과장의 지난 이야기를 모두 들은 김 부장은 벼르던 질
문을 한다.

"그런 일이 있었군……. 송 과장, 근데 상무님이 예전에 사
시던 아파트 말이야. 거기 좋아?"

"아, 지금 철거 중인 곳이요? 네, 좋죠. 최 부장님 댁이랑
비슷해 보이지만 몇 가지 다른 게 있어요."

최 부장 아파트는 물어보지도 않았는데 송 과장이 덧붙
여 말한다.

"지금 최 부장님 댁은 언덕에 있는 판자촌을 재개발한 곳
이라 단지 내에 경사가 있고요. 지하철역과 거리가 좀 있
어요. 그리고 결정적으로 학군이 달라요. 상무님 댁이 더
신축이기도 하고요. 상무님이 입주하실 때 최 부장님 댁
은 7년차가 되겠네요."

송 과장은 이쪽에 살지도 않으면서 훤히 알고 있다. 신기
하다. 김 부장은 본인이 아는 게 없어서 더 묻고 싶어도 묻
지 못한다.

송 과장이 대답을 기다리지 않고 말을 이어간다.

"김 부장님 댁은 제가 보기에 재건축은 어려울 것 같고요. 리모델링으로 갈 것 같아요."

우리 집 깨끗한데 무슨 리모델링? 김 부장은 어리둥절하다.

"요즘은 리모델링도 거의 재건축 수준으로 해서 아파트가 환골탈태 하더라고요. 지하주차장도 더 깊게 파고 구조도 좋게 뽑고, 부장님 댁은 아직 리모델링 추진을 안 하나요?"

김 부장은 리모델링에 지하주차장 이야기가 나오니 더욱 이해가 안 간다.

"어…… 아직……."

침묵이 흐른다.

김 부장은 미세먼지로 뿌연 창밖을 바라본다. 나무들이 빠르게 지나간다. 리모델링이라면 집 인테리어 바꾸는 거 아닌가? 그런데 주차장은 무슨 주차장?

김 부장은 시계나 구두, 옷 이야기를 할 때 못 알아 듣는 친구들이 있으면 답답해했는데 지금은 본인이 대화가 안 통하는 답답한 사람이다. 회사일이라면 사소한 것까지 꿰뚫고 있어서 자부심이 넘치는 김 부장이 오늘은 말문이 막힌다.

……모르겠다.

송 과장이 나를 대화도 안 통하는 무식한 사람으로 볼 것 같다. 똑똑해 보이고 싶은데 할 말이 없다. 피곤한 척해야겠다.

김 부장은 남들과 회사 바깥 세상 이야기를 한 적이 거의 없다. 관심도 없다. 회사에서 일어난 에피소드를 늘어놓는 것. 그것이 김 부장이 사람들과 하는 이야기의 전부다. 아는 게 그것밖에 없다.

"부장님, 도착했습니다."

"그래, 송 과장. 고마워."

"제가 여기 리모델링 사업성이나 진행 상황 한 번 알아봐드릴게요. 내일 뵙겠습니다."

"어, 어…… 그래, 조심히 들어가."

집에 들어가는데 발걸음이 무겁다.

'부동산 투자도 잘하고 대기업 다니는 부장.'

그저 살고 있는 아파트의 집값이 올랐다고 해서 부동산에 대해 아는 것이 아니었다. 투자를 잘하는 것도 아니었다.

6

김 부장은 터덜터덜 집으로 들어간다.

공동현관 앞 1층 주차장에 김 부장의 블랙 세단 그랜저가 보인다. 그런데 천장과 보닛에 하얀 점들이 있다. 김 부장이 놀라 확인한다. 비둘기 똥이다. 지하주차장에 댈까 하다가 계단 올라오기 귀찮아서 1층에 주차했는데 비둘기들이 배설물을 차에 뿌리고 갔다.

먹다 남은 옥수수 수염차를 똥 위에 붓고, 가방 안에 있던 물티슈로 닦는다. 딱딱하게 굳어서 떨어지지 않는다.

김 부장네 아파트 지하주차장은 퀴퀴하고 습하고 어둡고 음산하다. 밤에는 박쥐가 튀어나올 것 같다. 지하에서 1층까지 올라오는 계단에는 쓰레기들이 널려 있고 곰팡이가 드문드문 퍼져 있다. 최 부장 아파트의 쾌적한 지하 주차장과 너무 비교가 된다.

갑자기 이 아파트가 싫어진다.

현관문을 열고 집으로 들어가자 아내는 늘 그랬던 것처럼 김 부장을 따뜻하게 맞아준다. 김 부장 표정이야 어떻든,

이렇게 하는 게 밖에서 고생하고 온 남편에 대한 예의라고 생각한다. 아내가 말한다.

"여보, 고생했어. 저녁 먹어야지."

"어, 배고프네."

아내가 들뜬 말투로 얘기한다.

"여보, 나 사실 그동안 공인중개사 공부했는데, 시험 보려고."

"뭐? 복덕방에서 일하게?"

김 부장의 말투가 뾰족하다.

"아니, 뭐 꼭 그런 건 아니고 자격증 같은 거 하나 있으면 좋을 것 같아서."

"내가 돈 다 벌어다주잖아. 자기까지 왜 그래? 아들은 장사꾼 되겠다고 하고, 와이프는 복덕방 아줌마가 되겠다고 하고. 왜 그래, 다들!"

"아니…… 그냥…… 뭐, 알았어."

김 부장으로서는 대기업 부장의 사모님이 부동산에서 일하는 것을 용납할 수 없다. 김 부장의 머릿속에 있는 부동산 아줌마들의 이미지는 드세고 고집스럽고 복비 챙기려고 혈안이 된 사람들이다.

7

몇 달이 지났다. 김 부장 아들의 졸업식이다.

김 부장은 졸업식에 가기 싫다. 취직도 못한 아들이 꼴 보기 싫다. 주변 사람들이 아들 졸업하고 뭐 하냐고 물어보면 뭐라고 대답할지 고민이다. 그러다 보니 아예 연락을 안 하게 된다. 누군가 물어보면 그냥 휴학 중이라고 해야겠다.

그래도 아내의 설득에 졸업식에 간다. 애써 웃으며 사진을 찍는다. 사진 몇 장 찍고 같이 집으로 돌아온다. 김 부장은 집으로 가는 차에서 무뚝뚝하게 입을 연다.

"아들, 아직 안 늦었어, 대기업."

아내도 아들도 대답을 하지 않는다. 집에 도착할 때까지 대화는 없다. 자동차의 엔진 소리가 유난히 크게 들린다.

이튿날, 김 부장이 출근한 후 아내와 아들이 대화를 나눈다.

"엄마, 사실 저 사업자등록 했어요. 주문량이 많아지면서 세금 문제도 있고 해서요. 하다 보니 그렇게 됐어요."

"그래, 잘했다. 본격적으로 네 일 하는 거구나. 축하해. 이제 대표님이라고 불러야겠네?"

"하하. 근데 아빠는 왜 제가 돈 얘기만 하면 민감해지시는 걸까요? 엄마는 그래도 제 말 잘 들어주시잖아요."

"엄마는 돈 얘기 하는 거 좋아해. 아빠가 싫어하지. 아마도 남자가 가정을 경제적으로 책임져야 한다는 의무감이 강해서 그런 걸 거야. 사실 엄마도 신혼 때까지는 직장 다니면서 재테크도 하고 그랬어. 아빠가 말려서 못해온 거지."

"아, 엄마도 일했었구나……."

"아빠가 잘못했다는 건 아니고. 그 덕에 너 어릴 때부터 지금까지 많은 시간 함께할 수 있어서 좋았지. 아빠도 혼자 일하느라 얼마나 힘들었겠어."

"그렇겠죠. 저도 대학 졸업했으니 이제 아빠 짐 덜어드리고 싶어요. 그런데 아빠가 계속 취직만 하라고 하시니 어떻게 해야 할지 모르겠어요. 취업 생각이 없는 건 아니지만 지금 일이 너무 재미있거든요."

곰곰이 생각하던 김 부장의 아내는 조심스럽게 말을 꺼낸다.
"그럼…… 이참에 독립해보는 건 어때? 떨어져 있으면 서로 스트레스도 덜 받을 것 같은데."

"네? 저 혼자 살라고요?"

"뭐 어때? 너 군대도 다녀왔고 졸업도 했고. 어른이잖아."

"아, 독립은 아직 생각해본 적이 없어서……."

"외국은 스무 살만 되면 알아서 나간다더라. 자립심도 더 강해지고 경제나 사회적으로도 더 빨리 성숙하고. 나도 너랑 떨어져 사는 건 아쉽지만 지금이 좋은 타이밍 같아."

아들은 머뭇머뭇 대답을 하지 못한다.

"오히려 가족끼리 같이 있을 때 더 사이가 안 좋아지는 경우, 많이 봤어. 아빠와 네가 취업 문제 때문에 갈등 상황이 잦아질 게 뻔한데, 그걸 보는 나도 힘들 거 같아. 우리도 좀 떨어져 있어 봐야 보고 싶은 마음도 생기고 서로 소중함도 느끼고 그런 거지. 그리고 네가 하고 싶은 것도 마음대로 할 수 있고."

"네, 생각해볼게요. 고마워요, 엄마."

"그래, 어디 살지 집도 한 번 알아봐. 월세 얼마에 살지도 계산해보고. 그 동네도 둘러보고 부동산도 가보고 친구들한테 물어도 보고 해봐. 그렇게만 해봐도 세상 보는 눈이 훨씬 더 넓어질 거야."

"네, 해볼게요."

아들은 '독립'이라는 말에 가슴이 두근거린다. 자신을 평생 품에 끼고 살 줄 알았던 엄마가 독립하라고 먼저 제안을 하다니. 자신을 어른으로 봐주는 엄마가 고맙다. 무엇보다도 자신이 하고 싶은 일을 존중해주고, 할 수 있도록 지지해주는 부분이 가장 고맙다. 아들은 어쩌면 자신이 엄마에 대해 잘 모르고 있었던 게 아니었나 생각한다.

올 것이 왔구나

1

아침부터 상무가 최 부장을 부른다.

"최 부장님, 상무님이 찾으십니다."

"네, 바로 갈게요."

최 부장은 하던 업무를 내려놓고 상무실로 향한다.

"상무님, 부르셨습니까?"

"어, 앉아봐. 이번에 조직개편이 크게 있을 것 같은데 최 부장 생각이 궁금해서 말이야. 다른 건 아니고, 최 부장과 김 부장 두 사람이 팀장 자리를 한 번 바꿔보면 어떨까 해서. 업무 특성상 겹치는 부분도 있고."

"제가 김 부장 팀의 팀장이 되고, 김 부장이 제 팀의 팀장으로 오는 건가요?"

올 것이 왔구나

"어, 맞아. 그런데 김 부장이 공장 경험이 없잖아. 최 부장이야 공장 경험이 있지만."

"네, 그렇죠."

"그래서 6개월 정도 공장 시스템 좀 배우게 하고, 겸사겸사 정신도 차리게 하려고."

"네? 정신이요?"

"아니야, 아니야. 아무튼 김 부장이 내려가 있는 동안 자네가 그 팀까지 맡아보는 건 어때?"

"네, 업무도 해본 적 있고 그쪽 팀원들과도 잘 알아서 문제될 것은 없어 보입니다. 그렇지만 제가 김 부장만큼 잘할수 있을지는 모르겠습니다."

"일단 해봐. 전무님하고도 이미 얘기해봤는데 자네만 동의하면 그렇게 진행할게."

"네, 알겠습니다."

다음 날, 전무가 김 부장을 부른다. 보통 업무 지시나 골프 예약은 상무나 비서를 통해서 전달하는데, 이번에는 직접 전화를 한다.

삐져나온 코털이 있나, 눈곱이 꼈나, 앞니에 낀 고춧가루는 없나 확인하고, 전무실로 향한다. 전무실로 가는 복도

창으로 따뜻한 햇살이 든다. 복도 카펫도 폭신하다.

느낌이 좋다. 임원 승진 소식을 알려줄 것 같은 예감이 든다. 관례적으로 승진은 인사 공고가 뜨기 전에 당사자에게 먼저 말해준다.

"안녕하십니까, 전무님!"

"어, 김 부장. 여기 앉아."

"네."

"요즘 별일 없지?"

"네, 별일 없습니다."

"그래…… 애가 졸업했다며?"

"네."

"어디 취직은 했나?"

"준비하고 있습니다."

혹시 아들한테 입사 기회를…… 주시려나?

김 부장은 순간 가슴이 설렌다.

5초간의 침묵이 흐른다.

"김 부장, 안전관리팀에 자리가 하나 비는데 거기 가보는 거 어때?"

"안전관리팀이라면…… 공장이요?"

"요새 안전이 회사 주요 이슈잖아. 김 부장이 그 쪽을 맡아보는 게 어때?"

두둥.
올 것이 왔구나.
김 부장에게 영원히 오지 않을 것 같던 그것이 왔다.
어떻게 인사를 하고 나왔는지도 모르겠다. 정신 없이 사무실로 돌아와 의자에 털썩 앉는다. 숨 돌릴 틈도 없이 상무에게서 전화가 온다.
"김 부장, 오늘 한잔해."

안전관리…… 안전관리…… 안전관리팀이라고?
안전관리팀이 중요한 팀인지 생각해본다. 이게 절호의 기회인지 정리해고의 수순인지 따져본다. 어떻게든 좋은 쪽으로 생각해야 마음이 편하다. 미래의 이사, 상무, 전무를 거쳐 부사장이 될 내가 이렇게 내쳐진다는 것은 있을 수 없는 일이다.

그래, 공장 시스템 배우고 공장장 하다가 다시 본사로 오라는 뜻이구나.

실제로 그런 사례가 있었다. 김 부장과 차이가 있다면 그런 케이스는 안전관리팀이 아닌 설계, 생산기획, 기술팀 등 공장의 핵심 인재들이 있는 부서라는 것이다.

하아, 그래도 이건 아니지.

이게 바로 마른하늘에 날벼락이라는 것인가.

핵심 인재인 내가 왜 지방 발령을……

나 없으면 진행 중인 프로젝트 다 접어야 할 텐데……

나 없으면 회사가 안 돌아갈 텐데……

왜 발령을 보내는 거지?

도대체 왜……?

왜……?

2

퇴근 시간이다.

상무가 음식점 주소를 보낸다. 꽤 비싼 스시 오마카세 집이다. 김 부장은 머릿속이 복잡하다. 제발 상무님이 좋은 소식을 주려고 부른 것이면 좋겠다.

불안한 마음을 안고 스시집에 들어서니 상무가 먼저 와 앉아 있다.

"늦어서 죄송합니다."

"아니야, 김 부장. 내가 일찍 왔어. 이렇게 둘이서 한잔하는 건 처음인 것 같네. 그렇지?"

"네, 그런 것 같습니다."

"여기 잘하는 집이야. 주문은 해놨어."

"감사합니다."

깔끔한 차림새의 주방장들이 나란히 서서 생선을 다듬고, 해산물을 나열하고, 밥을 짓고 있다. 코스가 나오기 시작한다.

김 부장의 심장이 쿵쾅쿵쾅 요동친다. 무슨 말을 하려는지 빨리 듣고 싶다.

상무가 사케를 시킨다. 슬쩍 메뉴판을 보니 8만 원짜리다. 가볍게 건배를 하고 들이켠다.

"전무님 말씀 들었지? 안전관리팀으로 가는 거."

"네, 들었습니다."

"그래, 거기도 중요한 팀이니까 한 번 잘해봐."

"네…… 근데 제가 그 팀으로 가는 이유가 무엇인가요?"

"인사팀에서 결정해서 내려왔어. 나는 잘 모르겠네."

김 부장은 알고 있다. 인사팀에서 내려 보낼 사람을 정해서 통보하는 게 아니라, 인사팀에서 몇 명을 내려 보내야 하니 명단을 달라고 요청하는 시스템인 것을. 전무 또는 상무, 아니면 둘 다 나를 지목해서 명단에 올린 것이다.

<h2 style="text-align:center">3</h2>

초밥이 하나씩 나온다.

맛을 느낄 새도 없이 목으로 넘긴다. 이 맛있는 초밥을 이런 기분으로 불편한 상황에 먹어야 하는 것이 싫다. 김 부장은 다 좋게 풀릴 거라고 자기 위로를 해보지만, 냉정한 이성은 정리해고 수순이라는 것을 알고 있다.

사케가 계속 들어가고 상무와 김 부장은 슬슬 취한다.

"상무님, 그럼 지금 제 자리에는 누가 갑니까?"

"좀 있으면 알게 되겠지만, 최 부장이 갈 거야."

"최 부장이요?"

김 부장이 흥분한다. 독한 사케가 그 흥분감을 더 한다. 김 부장의 목소리 톤이 높아진다.

"최 부장은 제가 하던 업무 못해요, 상무님. 저 없으면 안 돌아가요."

"김 부장, 그게 자네의 문제야."

"네?"

상무님의 속마음이 나온다.

"회사생활에서 가장 중요한 게 뭔 줄 알아? 공감과 협업이야. 본인이 아무리 잘났어도 공감도 못하고 협업을 할 줄 모르면 조직원으로서는 적합하지 않아. 선후배들, 옆 팀, 다른 사업부와 함께 시너지를 내는 게 조직에서는 중요한데 말이야. 하…… 자네는…….”

상무님이 말을 잇지 못하고 사케를 들이켠다.

김 부장 눈이 동그래진다.

"괜찮습니다. 말씀해주십쇼."

"자네는 너무 눈과 귀를 닫고 있어. 많이 보고 많이 듣고, 그리고 그것들을 열린 마음으로 받아들이는 게 중요해.

스스로 후배나 선배들 얘기를 잘 듣는지 한 번 생각해봐. 조직이라는 건 잘 어우러진 샐러드 같아야 해. 샐러드에다가 콜라를 뿌리면 어떻게 되겠나? 콜라 맛 때문에 샐러드가 엉망이 되겠지. 김 부장 자네가 콜라라는 생각은 해본 적 없나?"

5톤 트럭이 김 부장을 쾅하고 들이받은 느낌이다. 지금까지 누구도 이런 말을 해준 적이 없다.

김 부장이 가장 좋아하는 장어 초밥이 나온다. 윤기가 좌르르 흐르는 것이 먹음직스럽다. 하지만 지금은 거기에 신경 쓸 여유가 없다.

"또 하나 얘기하자면 말야. 일이라는 건 무조건 열심히, 오래, 많이 하는 게 다가 아니야. 얼마나 효율적으로 하느냐가 중요해. 김 부장이 주는 장표나 보고서는 감동적이야. 꼼꼼하고 빈틈없고 완벽해. 그런데 읽고 나면 남는 게 없어. 뭐가 중요한지, 그래서 뭘 어떻게 해야 하는지 핵심이 없어. 도대체 뭘 말하려는 건지 모르겠어. 남들과 다른 생각, 다른 시선이 필요한데, 자네 보고서는 이미 다 아는 걸 보기 좋게 정리만 했다는 느낌이야."

상무가 잠시 목을 축이더니 말을 이어간다.

"김 부장이 원칙을 잘 지키는 건 좋아. 그런데 그 원칙이 고지식으로 변하면 안 돼. 효율적이어야 할 뿐만 아니라 시대 흐름에 맞게 유연해야 할 필요도 있어. 김 부장처럼 열심히만 하는 사람들은 널렸어."

4

"이랏샤이마세!"

주방장들이 동시에 크게 외친다.

혼이 빠져 있던 김 부장은 정신이 또렷해진다. 다른 손님들이 들어온다.

김 부장은 무슨 말을 해야 할지 모르겠다. 신입 때부터 보고서 잘 만들기로 정평이 나 있었고, 시키는 일은 도맡아 했고, 야근에 특근까지 궂은 일을 마다하지 않았다. 그런 방식으로 한 번의 진급 누락 없이 여기까지 왔다. 그런데 보고서로 지적을 받다니, 이해가 되지 않는다.

"김 부장이 팀장 달기 전까지는 보고서 잘 만들기로 유명했던 거, 본인도 알지?"

뜨끔.

김 부장의 머릿속을 들여다보고 있는 것 같다.

"팀장은 리더야. 보고서 만드는 사람이 아니야. 보고서에는 팀원의 다양한 의견들이 담겨 있어야 해. 팀장이 전부 필터링 해버리면 그건 팀 보고서가 아니지. 리더는 자신이 돋보이기보다는 구성원들이 돋보이도록 자리를 마련해주는 사람이야. 팀원일 때는 우사인 볼트여도 상관없지만 팀장이 되면 히딩크 같은 감독이 되어야지."
상무가 건배 없이 사케를 혼자서 마신다.
김 부장도 마신다. 이 비싼 사케가 쓰다.
미소국을 마신다. 정사각형 두부가 국물과 같이 입속으로 딸려 들어간다.

상무가 말한다.
"자네도 알지? 내가 팀장 달기 전까지는 별로 인정 못 받았던 거. 팀원들이 나보다 체력도 좋고, 글도 잘 쓰고, 말도 잘 하고, 영어도 잘 하고……. 내가 팀원들보다 나은 게 없더라고. 그래서 팀장 되고 나서 가장 먼저 한 일이 뭔지 알아? 팀원들 일하기 좋은 환경 만들어주는 거였어. 요즘 젊은 사람들은 우리 때와 달라. 회사가 전부라고 생각하지도 않고 여기에 올인하겠다는 마음도 없거든."

상무가 회상하듯 말을 잠시 멈춘다.

"그래서 퇴근도 일부러 먼저 했어. 내가 자리에 있으면 눈치 보고 불편할까봐. 휴가도 마음대로 쓰게 하고, 일하다가 불편한 거 있으면 바로 해결해주려고 하고, 다른 부서와 일이 꼬이면 나서서 풀어주고. 그뿐인 줄 알아? 회식 문화도 완전히 바꿨어. 밤 늦게까지 고기에 소주를 먹는 회식을 없애고, 팀원들 좋아하는 곳에서 점심 회식을 했더니 다들 좋아하더라고."

김 부장은 늘 1등으로 출근해서 꼴등으로 퇴근했다. 먼저 퇴근하는 팀원들에게 한 마디씩 툭툭 싫은 소리를 던졌다. 회식은 무조건 삼겹살에 소맥 말아 먹고 2차는 맥주집, 3차는 국밥집으로 갔다. 김 부장은 그게 당연한 건 줄 알았다.

"권위의식, 자존심 다 내려놓고 모르는 게 있으면 가르쳐 달라고 했어. 알고 있던 것도 확신이 없으면 찾아가서 가르쳐달라고 했고. 그러니까 신기하게 다들 열심히 알려주더라고. 자기들이 공부해서라도 도와주려고 해. 본인들이 공부하고 가르치기까지 하면 그 지식은 완전히 자기 게 되는 거잖아. 그러다 보면 업무 효율도 올라가고, 팀 실적도 좋아지고, 팀 고과도 잘 받고, 다들 회사 일에 재미 붙이고. 그런 게 선순환이지."

상무는 잠시 김 부장의 반응을 살피더니 말을 잇는다.
"나는 그렇게 배운 내용을 임원들 앞에서 발표할 때도 그냥 하지 않았어. 항상 팀원 누구에게 배운 내용입니다, 누구의 아이디어입니다, 누구가 조사한 자료입니다, 그런 식으로 팀원들이 돋보이도록 했지. 그게 다야. 다시 말하지만 난 절대 뛰어난 사람이 아니거든."
김 부장의 시선이 상무의 어깨에 머물러 있다. 김 부장이 누군가의 말을 이렇게 오래도록 듣는 것은 익숙하지 않은 일이다.

지난 일이 생각나는지 상무는 목에 핏대를 세운다.
"나는, 내가 모르는 게 있으면 개인적인 일뿐만 아니라 회사 업무도 상대가 대리든 사원이든 계약직이든 가리지 않고 물어봐. 김 부장 그거 알아? 내가 송 과장한테 아파트

물어봤다고 했을 때 자네 표정이 어땠는지?"

김 부장의 표정이 굳어진다.

"사람은 얼굴에서 감정이 다 드러나게 되어 있어. 회사생
활 오래하면서 느낀 건데 말야. 자신의 부족한 부분을 인
정하고 배우려는 사람이냐, 남들보다 우월하다고 생각하
는 사람이냐, 이 둘의 차이는 엄청난 거야. 배우려는 사람
은 주변 사람들과 소통하는 과정에서 영향력이 커질 수밖
에 없어. 그런데 자기가 우월하다고 믿는 사람은 스스로를
더 고립시킬 뿐이야. 결국 혼자만 남는 거지."

상무는 김 부장의 눈을 쳐다본다.

"김 부장은 어디에 해당되는지 잘 생각해봐. 모르는 건 창
피한 게 아니야. 모르는데 아는 척하는 게 창피한 거지."

오마카세의 마무리로 튀김이 나온다. 상무가 와그작 베물
어 먹는다. 김 부장도 와그작 베물어 먹는다. 튀김가루들
이 김 부장 바지에 떨어진다. 어쩐지 그동안 쌓은 공들이
한순간에 부스러지는 느낌이다. 흩날리는 튀김가루가 김
부장의 모양새와 비슷하다.

몰랐다. 상무는 김 부장과 전혀 다른 생각과 행동 방식으로 전혀 다른 조직생활을 해온 것이다. 상무는 차갑게 식은 녹차를 벌컥벌컥 들이켜고 가방을 챙긴다.

"내가 말이 길었네. 혹시 감정이 상했으면 미안해. 예전부터 자네한테 해주고 싶은 말이긴 했어. 내일 봐."

"아닙니다, 상무님. 좋은 말씀 감사합니다. 조심히 들어가십쇼."

"아, 그리고 마지막 한마디. 모든 책임은 자기 자신에게 있는 거야."

가게 밖으로 나온 상무가 택시를 잡고, 별 다른 인사 없이 올라탄다. 김 부장은 예전과 마찬가지로 시야에서 사라질 때까지 택시를 바라본다.

대기업 부장이라는 타이틀이 인생의 전부였던 김 부장이다. 이 타이틀을 내려놓을 시간이 얼마 남지 않았다.

모든 책임은 자기 자신에게 있는 거야……. 무슨 뜻일까?

김 부장은 천천히 지하철역으로 향한다.

한 번에 너무 많은 충고를 들어서 정리가 안 된다.

복잡하다. 머리도, 마음도…….

며칠 뒤 인사발령 공고가 떴다.

회사 전체가 뒤숭숭하다. 다들 김 부장 눈치만 본다. 김 부장은 박스에 개인 물품들을 담고 차에 싣는다.

다시 본사에 돌아와서 임원 승진을 할 수 있을까 희망을 품어봤지만, 부질없다. 상무는 나를 버렸다.

나는 일하는 기계일 뿐 리더는 아니라고 했다.

집에는 뭐라고 말해야 할지 모르겠다. 아내에게도 아들에게도, 내 스스로에게도.

넘치던 자신감은 온데간데없다.

집 근처 공원에서 바둑 두는 느긋한 할아버지들이 부럽게 느껴진다. 드라마에서 남편들이 일없이 공원 벤치에 앉아 있던 이유가 이해가 간다. 자신과 관련 없던 사소한 것들이 눈에 들어오기 시작한다.

내가 전무님 상무님 골프 기사 노릇을 얼마나 했는데…….

시키는 일 밤낮도 주말도 없이 다 했는데…….

윗사람들이 하기에는 껄끄러운 일들도 내가 다 처리했는데…….

배신당한 것 같다. 너무 화가 난다.

그래, 내가 고속 승진해서 그들을 밀어낼까봐 나를 미리 쳐내는 것이다.

바로 그거다. 다들 나를 질투하고 시기하는 것이다.

김 부장은 길바닥에 떨어진 캔을 힘껏 걷어찬다.

촤아악.

안에 음료수가 들어 있었는지 주황색 내용물이 김 부장 바지에 쏟아진다.

"이런 제기랄!"

바짓단이 축축해진 채 집에 도착한다. 바지도 무겁고 현관 문도 무겁다.

"어? 오늘 일찍 왔네."

김 부장은 들어오자마자 어렵게 말을 꺼낸다.

"여보, 아들 들어오기 전에 말해야겠어. 나 공장으로 발령 났어."

"공장? ……언제부터?"

"내일 새벽에 가야 해. 당분간 기숙사에서 지내야 할 것 같아."

"그렇구나……. 기숙사에서 밥은 잘 주려나?"

김 부장은 생각한다.

아내는 내가 왜 공장에 가는지 궁금하지도 않나.

아내는 내 밥이 그리 중요한가.

"아침, 점심, 저녁 밥 전부 공짜야. 그리고 공장에서 제일 중요한 팀으로 가는 거야. 공장이 요새 좀 어려운가봐."

"밥도 잘 준다니 다행이다. 당신처럼 유능한 사람을 어려운 곳에 보내서 기사회생 시키려고 그러나 보네. 난세에 영웅 난다는 말도 있잖아."

김 부장은 잘 넘겼다는 생각을 하며 아내를 바라본다.

역시 아내는 아무것도 모르는 순진한 여자구나.

아내도 속으로 생각한다.

우리 남편도 때가 왔구나. 마음이 안 좋을 테니 자세히 묻지 말아야지.

6

김 부장은 내일 새벽, 장거리 운전을 위해 일찍 잠자리에 든다.

공장까지는 꽤 멀다. 알람 시간을 5시로 맞춰놨는데 4시반에 눈이 번쩍 뜨인다.

식탁에 아내가 준비해둔 간식이 보인다. 지퍼백 안에는 마른 오징어, 견과류가 들어 있고 그 옆에 텀블러에는 오미자차가 들어 있다. 장거리 운전을 할 때면, 항상 아내는 입이 심심하지 않도록 먹을거리들을 준비해둔다.

결혼한 지 20년? 25년? 30년? 기억은 안 나지만 언제나 한결같다.

아내가 챙겨준 먹을거리와 일주일치 짐을 챙긴다. 명품 가방과 시계는 더 이상 가지고 다닐 필요가 없다. 공장 점퍼를 입고 작업화를 신고 출퇴근하기 때문이다.

대충 세수하고 양치하고 나가려는데 신발장 옆에 뭐가 있다. 새 가방이다. 아들의 카톡 프로필에서 봤던 그 가방이다. 가방 위에 편지가 있다.

아빠, 오늘부터 공장으로 출근하신다면서요?

남들이 못하는 어려운 일 하러 간다고 들었어요.

정말 멋지고 존경스러워요.

아르바이트 해서 모은 돈으로 아빠 가방을 하나 샀어요.

언제 드릴까 고민했는데 오늘이 딱인 것 같아요.

올 것이 왔구나

우리 가족을 위해 힘들지만 최선을 다하시는 아빠가 너무 고
마워요.

항상 응원할게요. 주말에 뵈어요. 사랑해요.

자고 있는 아들 방문을 열어볼까 하다가 성급히 차로 향
한다. 차 문을 급하게 닫는다.

쾅!

흑흑흑…….

눈물이 난다. 주룩주룩 흐른다. 참았던 울음이 터진다. 핸
들을 꽉 잡는다. 눈물이 멈추지 않는다.

**"사장님, 이건 인생에 찾아온
3번의 기회 중 하나예요"**

1

김 부장은 공장에 도착했다.

서울의 공기와는 다르다. 한바탕 울고 나서 마시는 시골의 공기는 상쾌하다.

안전관리팀 팀원들이 반갑게 맞아준다. 김 부장은 한 명씩 악수를 나누고 자리를 찾아간다. 본사와 분위기가 사뭇 다르다. 셔츠에 정장을 입고 다니던 사람들과 같이 있다가, 공장 점퍼를 입고 헬멧을 쓰고 묵직한 안전화를 신고 돌아다니는 사람들을 보니 낯선 기분이 든다.

팀원이 물품들을 가져다준다. 형광색 조끼와 '안전제일'이라고 쓰여진 헬멧이다. 김 부장은 비싼 시계, 구두, 가방, 정장에 흠집 날 걱정이 없어 마음이 편하다.

주중에는 기숙사에서 먹고 자고, 주말에는 서울 집으로 간다. 김 부장은 그냥저냥 다닐 만하다고 생각한다. 돈을 쓸 일이 없다. 퇴근 후 업무 지시를 하는 사람도 없다. 편하다. 임원들의 귀찮은 부탁도 없고, 실적 압박도 없고, 그저 주어진 루틴대로만 하면 된다. 일하는 스님이 된 느낌이다.

공장도 부서마다 분위기가 다르다. 안전관리팀과 달리 메인 부서 사람들은 활기가 넘친다. 본사 영업팀, 마케팅팀, 기획팀, 연구소 사람들과 회의도 하고 출장도 다니고 외주 업체와 미팅도 많이 한다. 주도적으로 업무를 이끌어가는 느낌이랄까. 본사 사무실에서는 경험하지 못한, 다른 종류의 역동성이 있다.

그들에게서는 제품을 생산하고 공장을 돌린다는 자부심이 느껴진다. 그들이 네발자전거의 큰 바퀴라면 김 부장은 자신이 보조 바퀴 같다는 생각을 한다.
굳이 필요는 없지만 만일에 대비해 필요한 사람.
법이 없었으면 굳이 없어도 되는 조직.
그 조직의 팀장.
그게 나다.

2

김 부장은 헬멧을 쓰고 안전화를 신고 형광색 조끼를 갖춰 입는다.

매일 공장을 한 바퀴씩 돈다. 시설물을 점검하고 가끔 생산직 반장들과 이야기도 한다. 본사에서는 정규직과 계약직으로 나뉜다면, 공장에서는 사무직과 생산직으로 나뉜다. 생산직은 노동조합에 속해 있어서 꿀벌 같은 결집력이 있다. 회사에서도 쉽게 건드리지 못한다.

생산직 사람들은 또 다시 두 부류로 나뉜다. 공장의 전반적인 흐름과 시스템을 이해하는 필수 인력 키맨, 위에서 시키는 대로 기계처럼 일하는 노동자.

사실 기계처럼 일하는 노동자는 기계처럼 일하는 사무직과 다를 바가 없다. 장갑을 끼고 일을 하느냐, 키보드를 두드리며 일을 하느냐 그 차이뿐이다.

키맨들은 웬만한 사무직보다 뛰어나다. 이들이 고졸, 전문대졸이라고 해서 지식이나 혜안이 부족하다고 생각해서는 절대 안 된다. 사무직과 생산직 사이에서 벌어지는 의견 차이나 갈등 요소가 있으면 키맨들이 나서서 해결한다. 결국 키맨들은 양쪽의 소통창구 역할을 하는 것이다.

김 부장은 나름 오랫동안 회사생활을 했지만 공장 인맥은 없다. 물론 이메일을 주고 받으며 업무를 진행한 직원들은 여러 명 있다. 그러나 이메일로 친숙하다 해도 막상 얼굴을 마주하니 어색하다. 그러다 보니 사적으로 굳이 만나지 않는다. 그저 이메일 동료일 뿐 그 이상도 이하도 아니다.

3

임금 협상 시즌이 다가온다.

공장 곳곳에는 대형 레크레이션용 스피커가 설치된다. 생산직들의 등에는 '쟁취, 투쟁'이라고 쓰인 스티커가 붙어 있다. 올해는 이 투쟁 기간이 얼마나 지속될까.

김 부장은 누구를 응원해야 할지 모르겠다. 뼈와 살을 갉아먹는 회사에 투쟁하는 노동자들 편에 서야 할지, 일자리를 제공하고 월급을 주는 회사 편에 서야 할지 정말 알 수가 없다. 나에게 이득이 되는 쪽은 어느 쪽일까, 김 부장은 생각해본다.

며칠 뒤 회사 정문 앞에 빨간 글씨가 휘갈겨진 현수막과
붉은 깃발이 휘날린다.

투쟁하고 쟁취하라

스피커에서는 군가와 트로트를 합친 듯한 투쟁가가 쩌렁
쩌렁 울린다. 김 부장은 이걸 볼 때마다 삼국지의 적벽대
전이 생각난다. 공장 공터에는 전사들이 5열로 늘어서 있
고, 맨 앞에는 확성기를 든 장수가 뭐라고 외치고 있다.
역시 자신 같은 쫄보가 낄 곳이 아니다.
김 부장은 바지주머니에 손을 넣고 옆을 조용히 지나쳐간다.

김 부장이 공장에 내려와 겪고 있는, 또 하나 특이한 경험
이 있다. 매일 점심시간에 벌어지는 풍경이다.
딩~동~댕~
점심시간을 알리는 벨이 울리면 갑자기 천지가 흔들린다.
직원들은 마치 단체로 달리기 시합이라도 하듯 식당을 향
해 뛰기 시작한다. 더 적절히 비유하자면 말벌 떼가 무서
운 소리를 내며 벌통을 향해 날아가는 듯하다.

처음에 김 부장은 천천히 움직였다.

다들 나잇살 먹어서 저게 무슨 짓이야. 배고픈 거지도 아니고 뭐 하러 뛰어.

그런데 줄이 너무 길어지다 보니 배는 고프고 점심시간도 줄어든다.

뛰지는 말고 빨리 걷기만 하자.

일주일이 지나자 김 부장의 움직임이 처음과 다르다.

기다리는 시간을 더 줄이자. 조깅하듯 뛰자.

어느새 김 부장도 그들과 함께 레이스를 하고 있다. 더 빠르게 뛴다. 어느 경로로 가야 최단 시간에 도착할지 매일 매일 습득한다. 사무실부터 식당까지는 약 100미터다. 이렇게 목표를 가지고 무언가를 해본 적이 얼마 만인지 모르겠다. 목표가 명확하니 힘이 난다. 이래서 인생의 목표를 세우라고 하는구나, 하고 김부장은 깨닫는다.

오늘의 반찬은 김치 4종 세트다. 백김치, 시금치, 무김치, 김칫국.

화가 난다.

토끼도 아니고, 초식공룡도 아니고, 어엿한 인간인데……

원래 이 정도는 아닌데 임금 협상 기간에 전사들의 힘을 빼려고 일부러 이렇게 주는 건가.

원래 나오던 고기반찬은 어디에……

고기 없으면 나오던 동그랑땡이나 메추리알은 어디에…….

퇴근해서는 딱히 할 일이 없다. 골프도 재미없다. 친구들도 다 서울에 있어서 못 만난다. 매일 밤 텔레비전 채널만 돌리다가 잠이 든다. 텔레비전이 꺼지기 전까지는 김 부장이 텔레비전을 보지만, 김 부장이 잠든 후에는 텔레비전이 김 부장을 본다. 하루하루가 변화 없이 똑같은 패턴으로 흘러간다. 지루한 생활이다.

4

몇 달이 지났는지도 모르겠다.

김 부장이 그렇게 시간만 때우고 있던 어느 날, 상무에게서 전화가 온다.

"아니 상무님, 안녕하십니까!"

"어, 김 부장. 잘 지냈어?"

"네, 잘 지내고 있습니다."

"공장에서 뭐 좀 배운 거 있어?"

"뭐…… 공장 사람들하고 말문도 트고…… 저희 팀 업무가 어떻게 돌아가는지도 좀 파악했고요."

"또?"

"……그 정도입니다."

"지금 본사에서 '부장, 차장, 과장' 같은 직급을 없애고 호칭을 통합할 계획인데, 알고 있어?"

"네, 듣기는 했습니다."

"김 부장 생각은 어때?"

"호칭을 하나로 부르면 누가 선배이고 누가 후배인지 어떻게 알겠습니까? 솔직히 잘 이해가 가지는 않습니다."

"그렇군. ……내가 했던 말은 생각해봤어?"

"무, 무슨 말이요?"

"스시집에서 내가 김 부장한테 했던 말."

상무님의 말투가 딱딱해진다.

"아…… 네……."

"자네가 느낀 게 뭐야?"

나를 질투하는 니들이 밉다.

142

김 부장은 이런 진심을 입 밖에 꺼낼 정도로 멍청하지는 않다. 다시 마음을 가다듬고 질문의 의도에 적절한 대답을 찾아본다.

"회사에 최선을 다하고……."

"내가 회사에 최선을 다하라는 말을 했나?"

"또…… 책임지고…… 스스로……."

날 선 상무의 목소리에 김 부장은 우물쭈물 대답하지만 사실은 별로 생각해본 적이 없다.

"김 부장은 무엇을 위해 회사에서 일하는 거야?"

"임원이 되기 위해 일합니다."

"임원이 되면 뭐가 좋은데?"

"남들한테 존경받고…… 인정받을 수 있는 거요……."

"알았어, 김 부장. 자넨 옛날 그대로네. 이만 끊지."

"네, 상무님. 최선을 다하겠습니다."

전화를 끊은 상무는 바로 최 부장을 호출한다.

"최 부장."

"네, 상무님."

"지금 팀 두 개 운영하는 거, 해보니 어때?

"네, 할 만합니다."

"당분간 계속해줘. 아니면 그 두 팀을 하나로 합치든지. 전무님이랑 상의해볼 테니."

"김 부장은요?"

"장점이 많은 친군데 정신 못 차린 거 같아. 앞으로도 변화가 없을 것 같고. 안타까워……."

5

얼마 지나지 않아 인사팀장이 김 부장을 부른다.

몇 달 전 전무가 불렀을 때도 지금과 비슷했다. 나와는 상관없는 듯이 햇살만은 가볍고 따뜻했다. 김 부장은 마음의 준비를 한다.

"앉으시죠, 김 부장님."

"네."

"지금 회사에서 좋은 조건으로 세컨드 라이프가 진행되고 있어요."

세컨드 라이프. 말이 좋아 '세컨드 라이프'지 실상은 희망퇴직이다. 인사팀장이 말을 잇는다.

"김 부장님 정도면 위로금 2억에 퇴직금은 따로 받으실 수 있겠네요. 내년에는 위로금이 1억으로 내려갑니다. 먼저 하시는 게 이득이에요. 다른 부장님들도 이미 많이 신청 하셨습니다. 올해 위로금 소진되기 전에 잘 생각해보고 연락 주세요."

공장으로 발령받을 때보다는 충격이 덜하다. 어느 정도 예상하고 있던 일이기도 하다.
김 부장은 회사에서 잘해보겠다는 의지나 열정이 이미 사라졌다.
이런 식이구나.
갑자기 공장으로 내려 보낸 다음 위로금 덜렁 주고 퇴직을 시키는구나.

김 부장은 두렵기도 하지만 외로운 마음이 더 크다. 공장에서는 그저 이방인이다. 동료도, 선배도, 후배도 친한 사람이 없다. 같이 술 한잔할 사람이 없다.
상무와의 그날 술자리가 직장생활의 마지막 술자리가 될 줄이야.
아내가 보고 싶다. 아들이 보고 싶다. 누가 뭐래도 늘 내

편인 두 사람.

카톡을 열었다. '뭐해?'라고 쓸까 하다가 그만둔다.

남들 다 하는 영상통화, 나도 한 번 해볼까 싶다.

남들이 영상통화 하면 저런 걸 왜 하냐며 아니꼽게 봤는데…….

오늘은 오글거리는 영상통화 해보고 싶은데 용기가 나지 않는다.

영상통화 버튼, 누를까. 눌러볼까.

김 부장은 결국 누르지 않는다.

밤이 깊어지도록 김 부장은 잠이 오지 않는다. 텔레비전 채널을 계속 돌리지만 머릿속은 다른 생각으로 가득하다.

인사팀장에게 뭐라고 대답해야 하나.

버틸까…….

나갈까…….

그냥 말까…….

한참을 고민하던 김 부장은 결심한다.

이렇게 질질 끌려 다니면서 회사 다닐 바에야 위로금 준다고 할 때 나가자.

다음 날 아침, 인사팀장을 만난다.

"올해 나가는 걸로 신청해주세요."

인사팀장이 환한 미소를 지으며 따뜻한 어조로 말한다.

"잘 생각하셨습니다, 김 부장님. 그럼 명단에 올리겠습니다."

희망퇴직 시즌에 인원을 많이 정리하면 할수록 인사팀장의 평가와 고과는 올라간다. 김 부장도 알고 있다.

6

퇴직 신청한 지 고작 하루 만에 인사팀장에게서 이메일이 온다.

지금까지의 노고에 감사드리고, 근무일은 이번 달 말까지라고 한다. 위로금과 퇴직금은 퇴직일에 맞춰 입금한다는 말도 덧붙여 있다. 원래 몇 개월에 나눠 지급했지만 이번에는 특별히 한 번에 주겠단다.

빨리 나가주는 것에 대한 마지막 배려인가.

김 부장은 쓸쓸하다.

다음 안전관리 팀장으로 누가 올까…….

나 같은 신세가 될 사람은 누굴까…….

전임자도 같은 생각을 했겠지…….

여기 부서원들은 이렇게 팀장이 자주 바뀌는데 무슨 생각을 하며 회사를 다닐까…….

온갖 생각이 휘몰아친다.

아니야. 내가 남 걱정할 때가 아니지.

아내와 아들에게는 차마 잘렸다고 말 못하겠다.

친구들에게도 말 못하겠다.

누군가에게 내 속사정이라도 털어놓으면 시원할 텐데.

그럴 만한 사람이 없다.

상무님 말이 맞았다.

나는 내 스스로를 고립시켰다.

그런데 너무 오래된 습관이라 쉽게 변할 것 같지 않다.

백수로 살기는 싫다.

뭐라도 해봐야겠다.

치킨집, 빵집, 커피숍…….

생각해보니 아들에게 절대 하지 말라던 장사다.

왜 아들에게 그런 말을 했을까, 후회된다.

회식 때 자신이 술김에 함부로 대했던 음식점 사장님들이 대단하게 느껴진다.

나의 꼬장을 웃으며 받아주던 사장님들.

내가 그 입장이 되어 술 취한 젊은 사람들의 시중을 들어야 한다고 생각하니 도저히 자신이 없다.

텔레비전 채널을 돌린다. 뉴스에서는 아직도 부동산 가격이 상승하고 있고 코스피도 3천을 넘어섰다는 보도가 나온다.

그래, 투자야. 나도 투자자가 돼보자.

유튜브 검색창에다 '주식, 부동산, 투자, 창업, 부자, 돈' 같은 단어를 입력해본다. 조회수 많은 영상들을 클릭한다.

사업을 하기 전에는 동일 업종에서 아르바이트 경험을 반드시 해보라고 한다. 가게를 오픈할 때는 입지 분석이 필수라며 상권 형성과 쇠퇴에 대해 설명한다. 은퇴 후의 창업은 늘 위험이 도사리고 있다고 한다. 주식투자는 회사의 구성원이 된다고 생각하고 장기적으로 보라고 한다.

부동산 채널을 틀어본다. 누구는 폭락한다고 하고 누구는 계속 오른다고 하고, 누구는 당장 팔라고 하고 누구는 당장 사라고 한다. 돈과 시세는 오르락내리락 한다는 것을 처음 피부로 느낀다. 연마다 조금씩 오르는 월급만이 전부였던 김 부장은 갑자기 '돈' 이라는 것이 낯설다. 이제부터는 모아둔 돈을 까먹으며 살아야 한다. 마르지 않는 샘 같던 월급이 없어진다고 생각하니 집에 전기, 수도가 갑자기 끊기는 것 같은 느낌이다.

생각이 많아진다. 퇴직하고 남편이 집에 있으면 아내와 부딪친다는데 나도 그렇게 될까.
내가 집에서 큰소리 칠 수 있었던 것도 아빠이자 남편이라서가 아니라, 돈을 벌어왔기 때문이 아닐까.
집안에서조차 돈이 권력이자 지위인 것인가.
돈...... 돈.......

7

아, 명함!

김 부장은 문득 지갑에 있는 명함이 떠오른다. 송 과장과 출장 갔을 때 만났던 분양 상가 사람들이 준 명함이다. 분명 '따박따박 월 삼사백'이라고 했다.

김 부장은 반신반의하며 전화를 해본다.

"안녕하세요. 지난번에 신도시 상가 분양하신다고 해서요. 명함 보고 연락드립니다."

"아, 사장님 안녕하십니까? 전화 잘하셨네요. 지금 거의 준공일 다 됐고요. 마침 딱 하나 남았습니다. 주말에 오셔서 한 번 보시고 결정하세요."

"네, 알겠습니다. 연락드리겠습니다."

전화를 끊은 김 부장은 갑자기 기운이 솟는 느낌이다.

그래, 나도 놈팽이처럼 월세 받는 거야.

근데 송 과장이 분양 상가 조심하랬는데…….

일단 만나나 보지 뭐.

주말이다. 평소보다 속도를 내어 고속도로를 질주한다. 흥분이 되어 졸리지도 않는다. 집으로 가지 않고 바로 신도시 상가 분양사무소로 간다. 그때 봤던 참기름 머리 남자다.

"안녕하세요, 사장님!"

사장님 소리를 들으니 기분이 우쭐하다.

"오시느라 고생하셨죠? 잘 생각하셨습니다. 바쁘실 테니 바로 설명부터 드리겠습니다."

참기름은 브리핑을 시작한다. 이 건물 가까이에 지하철역이 들어온다며 거의 결정된 거나 마찬가지라고 열변을 토한다. 확정되면 시세가 단박에 두 배는 오를 거라고 한다. 그리고 상가 건물 1층에는 식당, 약국, 카페가 들어오기로 했고, 2층부터 5층은 치과, 한의원, 피부과, 정형외과, 소아과 등 병원이, 6층은 학원, 요가, 7층은 헬스장 등이 이미 입점 계약되었다고 한다.

"사장님, 남은 물건이 이거 하나예요. 코너 자리이고 지하철역 바로 앞일 가능성이 큽니다. 아마 파리바게트나 스타벅스 임차는 맞춰드릴 수 있을 거 같아요."

뭐? 스. 타. 벅. 스?

내가 스타벅스 주인이 된다고?

초고압 전류가 발끝에서 머리끝까지 짜릿하게 지나간다.

"이 정도 위치면 월 오백은 받을 것 같은데요."

삼사백에서 오백으로 올랐다.

침착하자…… 침착하자…….

동요하지 않은 척, 평온한 척해본다. 좋아하는 모습을 보였다가는 가격 협상에서 불리할 수 있기 때문이다.

김 부장은 생각한다.

그래, 이런 딜은 회사 다니면서 수없이 해봤어. 이런 건 내가 전문이지.

자신감이 조금씩 솟는 거 같다.

김 부장은 일부러 고개를 갸우뚱거리며 묻는다.

"그래서 분양가가 얼마라는 거죠?"

"11억입니다."

"네에? 11억이요?"

"네, 원래 분양가가 11억입니다. 그런데 여기서 3억을 빼드릴게요. 마지막 하나 남은 물건이기도 하고 또 저희도 빨리 다른 상가를 지어야 하거든요. 자금 흐름이 중요하잖아요."

"그럼…… 8억인가요?"

"네, 사장님."

"아…… 그래도 생각보다 비싸네요."

"정말 저렴한 겁니다. 신축 상가에, 코너 자리에, 지하철역 출구 바로 앞인 데다가, 주변에 대단지 아파트 3만 세대가 들어서는 입지예요."

"좋은 건 알겠는데……."

"지하철역 출구 생기면 3만 세대 사람들이 다 사장님 상

가 앞을 지나가는 거잖아요. 3만 세대면…… 한 10만 명쯤
되겠네요."

아니 이 사람이 벌써부터 내 상가라고 하네.
김 부장은 들뜬 기분을 숨기며 더 고민하는 척한다.
"그래도 8억은 좀 비싼 거 같은데요."
"그러세요? 음…… 하고 싶은데 좀 부담되신다는 거죠?
알겠습니다. 그럼 제가 본부장님께 한 번 물어보겠습니다.
여기서 조금 더 빼드릴 수 있는지요. 아마 쉽지는 않을 거
예요. 워낙 인기 많은 곳이라."
참기름은 구석으로 가서 전화를 한다.

잠시 뒤.
"사장님, 좋은 소식입니다! 본부장님이 1억을 더 빼주겠다
고 하세요. 마지막 물건이기도 하고, 또 본부장님이 워낙
통이 크셔서 시원하게 빼주시네요. 와, 그런데 저도 이런
경우는 잘 못 봤습니다. 사장님이 이 물건 임자인 모양입
니다."
"그럼 1억 더 빼면 7억이네요. 근데 제가 7억도 없어요. 상
가가 이렇게 비싼 줄 몰랐어요."

"아니 요즘 같은 저금리 시대에 누가 전부 현찰로 삽니까? 대출받아 사는 거죠. 저희 회사와 연결된 은행이 있는데 거기에서 저리에 대출을 다 해드립니다. 다른 편 코너 상가는 대출 5억까지 나왔어요. 사장님, 가용 자금이 얼마나 있으실까요?"

김 부장은 생각한다.

위로금 2억, 퇴직금 대략 1.5억, 통장에 있는 돈이 얼마더라……

주식계좌는 혹시 대박 날지 모르니 그냥 남겨두고……

"한 4억 정도 있어요."

"그럼 3억만 대출받으면 되겠네요. 3억이야 충분히 나옵니다. 사장님, 잠시만 기다려보세요. 은행하고 통화 좀 해보겠습니다."

김 부장은 또 기다린다.

"사장님, 3억은 충분히 나온다고 합니다. 이자는 다른 곳이랑 비교해보고 오셔도 되고, 기존에 거래하시던 은행에서 대출받으셔도 됩니다. 번거로우시면 그냥 저희한테 맡기셔도 되고요. 우선 계약서 쓰시고 계약금 조금만 걸고 가세요. 여기 산다는 사람들이 오늘만 해도 몇 명 연락 왔

거든요. 그런데 사장님이 오신다고 해서 제가 다 보류해놨
어요."

김 부장은 마음이 급해진다.

어떡하지…… 7억…… 대출이 3억…….

7억이라는 숫자도 무섭고 3억 대출은 더 무섭다.

회사에서는 실적 이야기 할 때 몇십 억 몇백 억이라는 말
은 쉽게 하면서 막상 내 돈을 쓰려니 너무 큰돈이다.

송 과장에게 전화해볼까…….

놈팽이에게 전화해볼까…….

송 과장이 여기 와봤으니 잘 알겠지?

놈팽이가 건물주니까 더 잘 알까?

김 부장은 창밖으로 멀리 송 과장과 옥수수 수염차를 마
시던 편의점을 보며 바지주머니 속에 있는 핸드폰을 만지
작거린다.

"띠리리리리링. 오빠 전화 받아. 오빠 전화 받아."

참기름의 핸드폰 벨소리다.

"여보세요. 네! 사장님! 지금 오신다고요? 아 근데 어쩌
죠? 지금 다른 분이 계약하려고 와 계세요. 네? 아, 아직

사인한 건 아니고요. 네네, 그럼 제가 조금 이따가 다시 전화드릴게요. 네, 사장님."

어떡하지. 어떡하지.
참기름의 통화 내용을 들으니 김 부장은 마음이 더 조급해진다. 빨리 결정해야 할 것만 같다. 행운의 여신이 준 기회를 놓치기 싫다.
남들 다 받는다는 대출 나도 한 번 받아볼까?
요즘 서울 집값 10억이 우습게 넘는데 상가 7억이면 싼 거 아닌가?
게다가 4억 할인까지 받는데.
스타벅스 주인이 될 수 있는 기회잖아.
내가 스타벅스에 돈을 내는 게 아니라 앞으로 그들이 나한테 돈을 내는 거야.
스타벅스 직원들도 나에게 사장님 오셨냐며 인사하겠지.
공짜 커피도 가능한가?

"어떻게 하시겠습니까, 사장님? 다른 분이 지금 계약하러 오신다는데요."
"할게요."

"결정 잘하셨습니다. 인생에 기회가 3번 온다는데 오늘 그중 한 번을 잡으신 겁니다. 그리고 옆이나 위층 상가 분들한테는 4억 할인받았다는 얘기는 절대 하시면 안 됩니다. 저희 큰일납니다. 그분들은 다 제값 주고 샀어요."

김 부장은 뿌듯하다. 남들은 제값 주고 살 때 할인까지 받은 자신이 대견하다. 마트 마감 시간에 떨이 제품을 싸게 사왔다고 좋아하던 아내가 생각난다. 이런 기분이었나. 재빨리 계약서에 서명을 한다. 바로 계약금 1천만 원을 송금하고 사무실을 나온다.

완전 이득 보는 장사다.

한 번에 4억을 벌었다.

원래 3억만 빼준다고 했는데 나의 뛰어난 '네고' 실력 덕분에 1억을 더 뺐다.

김 부장은 차에 타자마자 승리의 함성을 지른다.

예스! 예스! 예스!

이런 게 부동산 계약이구나.

이런 게 투자구나. 어렵지 않네. 쉽잖아!

유튜브 전문가들이 복잡하게 강의하는 그런 거 다 필요없어.

회사, 그딴 거 다 필요없어.

배신자들이 득실거리는 그런 회사 따위, 나를 시기질투하는 놈들만 있는 회사 따위.

통쾌하다!

내가 떵떵거리며 사는 모습을 보면 모두가 날 부러워하겠지! 으하하!

창문을 활짝 열고 이문세 노래를 크게 튼다. 집으로 가는 길에 붉은 노을이 살짝 구름에 가려 빛이 퍼지고 있다. 마치 하늘에서 예수님이 내려오실 것 같이 몽환적이다.

아내에게는 스타벅스 입점 계약하고 나서 서프라이즈로 알려줘야지.

나도 놈팽이처럼 운동 다니고 등산 다니고 사우나 다니고…… 아들 취업하는 거 도와줘야지.

8

월요일이다.

새벽같이 공장으로 향한다. 마지막 출근이지만 마음은 가

법다. 머릿속은 온통 상가에 스타벅스 생각뿐이다. 옆 차선에서 다른 차가 급하게 끼어들어도 쿨하게 넘어간다. 평소 같으면 다시 추월해서 창문으로 상대방 운전자를 노려보던 김 부장이다.

이런 게 돈이 주는 여유로움인가, 김 부장은 생각한다. 매월 삼사백, 아니 오백이 나오면 무얼 하며 하루하루를 보낼지 기대가 된다. 한 달에 오백만 원을 다 쓸 수 있기는 한가. 공장 입구를 한결같이 지키는 수위 아저씨는 오늘도 깍듯이 인사를 한다. 평소와 다르게 절로 미소가 떠오른다. 김 부장도 깍듯이 인사를 한다. 잠깐이지만 함께 일한 팀원들과 가볍게 한잔할까 생각하다가 그만둔다. 앞으로 영영 볼 일 없는 사람들이니 간소하게 인사만 하고 짐을 싼다. 김 부장은 짐을 들고 밖으로 나온다.

군대 제대할 때 생각이 난다. 더운 날 80명이 선풍기 4대로 버티던 막사, 뽑아도 뽑아도 끝없이 자라는 잡초, 주말에만 내리는 폭설. 그 지긋지긋한 곳에서 뛰쳐나가고 싶었지만 막상 떠날 때의 그 시원섭섭한 기분이란. 그때는 제대만 하면 무엇이든 할 수 있을 것 같았다.

자신감 99, 두려움 1.

나가도 바로 사회로 가는 게 아니라 대학교라는 울타리가 있었다. 대학을 안 다니던 친구들은 '나가서 뭐하지?'라는 말을 많이 했지만 나와는 상관없는 일이었다.

대학 졸업할 때 생각도 난다. 그때는 지금보다는 취업이 쉬운 시절이었다. 요즘 청년들이 취직이 어렵다는 것을 이해 못하는 이유이기도 하다. 사회로 나가는 첫 걸음을 뗀 그때도 지금처럼 희망에 차 있었다.

자신감 90, 두려움 10.

사회라고 하지만 회사라는 울타리가 지켜주고 있었다. 회사 빌딩은 하늘에 닿을 듯 높아 보였고, 목에 걸린 사원증은 빛나는 자존심 같은 것이었다. 퇴근 후에는 넥타이와 사원증을 휘날리며 동기들과 회사 근처 술집 거리를 활개 치고 다녔다.

오늘 김 부장은 회사를 떠난다. 더 이상의 울타리는 없다.

자신감 -100, 두려움 200.

진짜 날것의 사회로 나간다. 예전에 친구들과 새벽 동대문 시장에 갔을 때 본 풍경이 떠오른다. 그땐 저 사람들은 왜 저렇게 열심히 사는지 의문이었다. 지금 생각해보면 야생에서 살아남기 위한 몸부림이었다.

나는 그렇게 몸부림치지 않고 살 수 있다.

서울에 내 집도 있고, 분양 받은 알짜배기 상가도 있다.

야생에서도 잘 살 수 있을 것이다.

이렇게 생각하니 자신감 50, 두려움 50으로 다시 세팅된다.

김 부장은 트렁크에 짐을 싣고 닫힘 버튼을 누른다. 아직도 최 부장은 팔 힘으로 여닫는 오래된 차를 타고 있을까, 갑자기 궁금해진다.

그랜저의 앞바퀴가 공장 입구 경계선을 지난다. 뒷바퀴마저 그 선을 넘는다.

와, 진짜 떠난다.

막상 최후의 선을 넘어가니 감회가 새롭다. 김 부장은 한동안 잊고 있던, 20대 후반의 모습이 떠오른다. 입사하고 처음 공장에 견학 갔을 때, 호기심 많고 열의에 차 있던 자신의 모습이…….

집으로 가는 길에 고속도로 휴게소에 들린다. 우동을 한 그릇 시킨다. 옆자리에는 어린아이 둘을 데리고 식사를 하는 가족이 있다. 큰애는 돈가스, 작은애는 볶음밥, 엄마는 비빔밥, 아빠는 우동이다. 아빠들은 왜 우동만 먹을까, 문득 궁금하다. 김 부장은 아내, 아들과 함께 여행하면서 입은 맛없었지만 기분은 맛있게 저들처럼 휴게소 밥을 먹고 싶다고 생각한다.

9

김 부장은 집에 도착해서 짐을 푼다.

"여보, 무슨 짐이야?"

아내가 묻는다.

"회사 그만뒀어. 나랑 안 맞는 거 같아서. 여기저기서 오라는 데도 있고."

아내가 당황한 표정이다. 예상보다 빨리 그만뒀기 때문이다.

"잘했어, 여보. 회사 오래 다녔는데 좀 쉬어. 그동안 좀 고생했어? 쉬다가 근질근질하면 다른 데 취직하면 되지 뭐."

역시 아내는 순진하다. 세상물정을 모른다. 집에만 있어서 그런 것 같다.

아내는 표정을 가다듬으며 속으로 생각한다.

남편 상처가 크겠다. 자존심도 센 사람인데. 나한테 어떻게 말할지 오는 내내 엄청 고민했겠네.

"씻어. 금방 밥 차릴게."

"응, 출출해."

아내가 뚝딱뚝딱 요리를 한다.

아내가 별다른 질문 안하고 넘어가서 다행이다. 어느새 밥상이 다 차려졌다.

"여보, 근데 나 할 말이 있는데……."

아내가 말을 꺼낸다.

"뭔데?"

"당신이 그때 공인중개사 시험 보지 말라고 했잖아. 그거 시험 봤어. 공부해둔 게 아까워서……. 미안해."

아니 복덕방 아줌마가 될 셈……. 김 부장은 저도 모르게 튀어나올 뻔한 말을 입안으로 삼킨다.

예전 같으면 복덕방 아줌마 될 생각이냐고 몰아세웠을 텐데 지금은 그럴 상황이 아니다. 아내가 미안해할 일도 아니다.

"그, 그래? 시험은 잘 봤어?"

아내는 단박에 날을 세울 줄 알았던 남편이 의외로 관심을 갖자, 긴장한 얼굴을 푼다.

"한 번에 1차, 2차 다 붙었어. 벌써 자격증도 나왔고."

김 부장은 좋아해야 할지 말아야 할지 모르겠다. 어떤 표정으로 어떤 말을 해야 할지 생각이 안 난다.

'축하해'라고 해야 하나? 속마음이 너무 드러날 것 같다. 남편이 백수가 돼서 그런다고 아내가 생각할 것 같다.

"그럼 부동산에서 일하는 거야?"

"응, 일단 소소하게 아르바이트부터 해볼까 해."

아르바이트는 무슨! 김 부장은 저도 모르게 튀어나올 뻔한 말을 다시 삼킨다.

월급이 끊긴 상황에서 내가 할 말은 아니다.

내 앞에 있는 여자는 더 이상 잘나가는 대기업 김 부장의 사모님이 아니라 백수의 부인이다.

"그래, 낮에 심심하면 한 번 해봐."

"정말? 고마워, 여보. 당신이 못하게 할 줄 알았는데. 사실 일한 지 오래돼서 일 좀 해보고 싶었거든. 그리고 공인중개사 공부한 것도 써먹어보고 싶고."

아내가 해님처럼 환하게 웃는다.

공황 장애

1

아침이 밝았다.

출근을 하지 않으니 너무 이상하다. 25년 동안 하던 일이어서인지 고작 며칠이 지난 것으로는 어림도 없다. 그래도 새벽같이 일어나 지하철역까지 빠른 걸음으로 가서 자리 경쟁을 하지 않아도 되니 좋다.

세수를 하고 옷방으로 간다. 명품 가방, 명품 넥타이, 명품 시계에 고급 수트…… 언제 걸쳤는지 기억도 나지 않는다. 지금 생각하니 왜 저것들을 사려고 눈에 불을 켜고 다녔는지 모르겠다. 명품 쇼핑에 투자한 시간과 돈만 해도 아득하다. 철저히 계산해서 계획적으로 산 것 같지만 알고 보면 대부분 충동 구매였다. 언젠가는 쓸모가 있을 거라

합리화를 하며, 사고 나서 모셔두기만 했을 뿐이다.

시계는 먼지가 뽀얗게 앉아 유광에서 무광으로 변했고, 롯데 에비뉴엘에서 산 가방도 옷장 구석에 처박혀 빛을 못 본 지 오래다. 신발장 안의 고가의 구두는 광택을 잃었다. 그래도 아들이 사준 가방은 현관 앞에 두고 수시로 들고 다닌다. 핸드폰과 카드지갑이라도 넣어서 외출할 때마다 꼭 챙긴다.

김 부장은 아내에게 볼일이 있다고 하고 집 밖으로 나선다. 분양 사무실로 향한다. 가는 길에 월급이 들어오던 주거래은행에 가서 대출 상담을 받아볼까 하다가, 귀찮기도 하고 별다른 게 없을 것 같아 분양 사무실과 연결된 은행에서 대출을 받기로 한다.

사무실 앞에서 참기름 남자가 다리를 떨며 담배를 뻑뻑 피고 있다. 김 부장을 보자 급하게 담배를 끈다.
"사장님, 오셨습니까! 벌써 임대 들어오겠다는 곳이 여러 군데 있어요."
"정말요?"

"네, 위치가 너무 좋잖아요. 저라도 장사하고 싶을 거 같아요."

이런 저런 얘기를 하고 서류를 주고받자 모든 계약이 끝났다. 나중에 스타벅스 담당자와 사인만 하면 된다. 하하.

집으로 가야 하는데 대낮에 들어가기가 어색하다. 백수가 된 것 같은 기분이지만 무슨 말씀. 나는 어엿한 투자자다.

투자자라고 하니…… 워런 버핏? ㅋㅋㅋ

그 정도는 아니고, 누가 있나……?

아는 사람이 워런 버핏뿐이네.

김 부장은 편의점에 아이스크림을 사러 들어간다. 아이스크림이 비싸다. 어릴 때 사먹던 아이스크림 가격만 생각하다가 당황해서 다시 나온다. 자축하고 싶은데 주변을 둘러봐도 다른 가게들이 보이지 않는다. 편의점으로 다시 들어간다.

월드콘을 살까 하다가 그만둔다. 손잡이 과자 부분이 눅눅해지면 좋은 기분을 망칠 것 같다. 한참을 고민하다가 추억의 쌍쌍바를 사서 나온다.

오늘은 반드시 반으로 쪼개야지.

아니나 다를까 딱 절반으로 갈라지지 않는다. 오늘따라 더 이상한 비율로 나눠진다.

2

한 달이 가고 두 달이 지났다.

곧 상가 건물 준공이다. 신도시 뉴스를 계속 찾아본다. 다른 호재가 있는지, 지하철 노선은 언제 확정되는지 살펴본다.

잔금을 치르는 날이다. 분양 사무실에서 전화가 온다.

"사장님! 좋은 소식입니다. 사장님 상가에 들어오고 싶어 하는 식당이 있어요. 프랜차이즈예요!"

식당? 무슨 소리야. 내가 원하는 건 스타벅스인데⋯⋯. 못 해도 파리바게트인데⋯⋯.

김 부장은 당황스럽다.

"무슨⋯⋯ 식당인데요?"

"이름은 잘 모르겠고 프랜차이즈라고 합니다. 이게 카페보다 나을 수 있어요. 카페는 워낙 많이 생겨서 경쟁이 치열하다 보니 임차인이 금방 접고 나갈 수 있거든요."

아…… 스타벅스는 물 건너 간 건가…….

김 부장은 일단 들어보기로 한다.

"그리고 스타벅스 같은, 브랜드 밸류가 너무 강한 프랜차이즈는 매출이나 수익률 대비로 임대료를 주기 때문에 오히려 사장님께 안 좋을 수도 있어요."

어느 상가 전문 유튜버가 그런 말을 한 것 같기도 하다.

아, 그래도 스. 타. 벅. 스…….

어쩔 수 없다. 스타벅스는 다음으로 기약한다.

"네, 그 식당 계약하겠다고 해주세요. 지금 출발할게요."

그렇게 임대차 계약을 한다. 3층에 치과가 들어오는지 한창 인테리어 중이다. 김 부장은 뿌듯하다. 치과 원장님과 가끔 점심이라도 먹어야겠다고 생각한다. 친해지면 진료도 싸게 해주지 않을까, 김칫국부터 마신다.

그날 저녁 뉴스에 신도시 지하철 확정 보도가 뜬다.

정말로 거기에 지하철이 들어오는구나.

와, 대박!

역시 나는 투신이야!

투! 자! 의! 신!

얼마 후, 준공이 나고 분양 사무실은 철수한다. 날이 좋은 어느 날, 김 부장은 계약한 음식점 인테리어는 잘되고 있는지 가서 살펴보기로 한다. 가는 길에 순대국 한 사발을 홀홀 마신다. 차에 기름도 가득 넣었다.

설레는 마음으로 상가에 도착했다. 휑하다. 아무도 없다. 인테리어 시작하기로 한 날에서 일주일이 지났는데 조용하다. 멀찌감치 다른 상가 공사장에서 들리는 소음뿐이다.

임차인에게 전화해본다.

"여보세요?"

"안녕하세요, 저 임대인인데요. 인테리어는 언제 시작하는지 궁금해서요."

"아…… 어쩌죠? 그 가게 못할 것 같아요."

"네? 무슨 소리예요? 계약까지 했잖아요!"

"네, 못하게 됐습니다. 죄송합니다."

"보증금은요?"

"보증금 안 돌려주셔도 됩니다. 안녕히 계세요."

뚜뚜뚜뚜뚜.

이게 무슨 일이야?

어떻게 된 거지?

이 사람이 잘못 말한 거겠지.

생각해보니 보증금을 너무 조금 받았다.

월세를 높게 받고 보증금을 낮춰 받는 게 요즘 트렌드라고
분양 상가에서 그랬다.

설마.

에이.

참기름한테 전화해보자.

김 부장이 전화를 건다.

"지금 거신 번호는 없는 번호이오니……."

뭐야? 잘못 눌렀나?

다시 건다.

"지금 거신 번호는 없는 번호이오니……."

뭐지?

뭐야?

전화번호를 바꿨나?

불안의 화살촉이 이마를 뚫고 뒤통수로 통과한다.

나…… 혹시…… 사기당한 건가?

에이, 설마…… 지하철 들어온다고 뉴스까지 나왔는데…….

심장이 쿵쾅쿵쾅 뛴다.

김 부장은 근처에 있는 부동산중개소에 들어간다.

안경이 코끝에 걸쳐 있는 아주머니와 아저씨가 근엄한 표정으로 앉아 있다. 말 붙이기가 무섭다.

"저…… 안녕하세요."

"네, 무슨 일로 오셨어요?"

"여쭤보고 싶은 게 있는데요. 지하철역 여기 앞에 들어오는 게 맞나요?"

"네, 지하철이 들어오긴 하는데 바로 여기는 아니고, 2킬로미터 떨어진 저쪽에 들어와요."

2킬로미터? 분명히 참기름이 상가 바로 앞이라고 했는데…….
그렇게 자세하게 브리핑 하고 친절하게 상담까지 해줬는데…….

"제가 저기 코너 상가 주인인데요. 혹시 임대 들어오려는 사람이 있을까요?"

"여기 지금 지어질 상가 건물만 수십 채예요. 그리고 지하철역이랑 한참 멀어서 임대받기 어려울 것 같은데요."

"지하철역이 원래 여기 생기기로 했던 거 아니에요?"

"아니요. 원래 저쪽에 생기기로 했었어요. 혹시 임대 알아보는 사람 있으면 연락드릴게요. 연락처 주고 가세요."

멀찍이 있는 다른 부동산중개소에도 가본다.
"저쪽 상가 코너 주인인데요. 임대 좀 맞추려고 하는데……."
"에이, 지금 여기 유동인구도 없는데 누가 벌써 들어오려고 해요? 입주 끝나야 뭔가 틀이 잡히지……."
"그럼 저 병원들은 뭐죠?"
"병원은 선점이라는 게 있어요. 식당이나 카페랑은 달라요. 그렇다고 해도 먼저 들어온 병원들 몇 년은 고생해야 될 거예요."
"아…… 네……."
"아무튼 저 상가 1층이라고 하셨죠? 임대료 확 낮춰서 내놓으시면 들어올 사람이 있을 수도 있죠. 연락처 놓고 가세요."

하늘이 노랗다.
그래, 나는 사기당한 것이 분명하다. 사기당한 거야.
근데 어쩌지. 사기당했다는 걸 인정해야 하나.
내가, 사기를?

내가?

대출 이자는?

월급이 없는데?

퇴직하면서 받은 거 다 밀어 넣었는데?

김 부장은 망연자실하다. 회사에서 잘린 뒤 퇴직금 사기 당한 사람, 뉴스에서나 보던 그런 사람, 멍청한 사람이라고 비웃던 그 사람이 바로 자신이었다. 잔금은 이미 치렀고, 분양하던 참기름 자식은 연락이 되지 않는다.

지난번 송 과장이 했던 말이 생각난다. 물리면 안 된다고 했다. 물린다는 게 딱 이런 거였다. 김 부장은 송 과장에게 전화를 해볼까 고민한다. 전 같으면 후배에게 이런 전화를 하는 게 자존심이 허락하지 않았지만, 지금은 그런 걸 따질 때가 아니다.

떨리는 손으로 통화버튼을 누른다.

"부장님, 안녕하세요! 잘 지내셨죠?"

송 과장이 반갑게 전화를 받는다.

"어…… 어…… 송 과장, 잘 지냈어? 회사 나올 때 얼굴도 못 보고 나왔네. 미안해."

미안하다는 말을 해본 적 없는 김 부장이 처음으로 미안하다고 한다.

"아닙니다, 부장님. 제가 먼저 연락드렸어야 했는데요."

"그, 그래……. 아니 다른 게 아니고 뭐 좀 물어볼 게 있어서. 우리 전에 신도시 출장 갔을 때 상가 분양하던 거 기억나?"

"네, 기억납니다. 왜요?"

"내 친구가 그 지역 상가에 관심이 있다고 해서……."

"부장님하고 갔던 그날, 거기 조사 좀 해봤거든요. 그런데 상가가 너무 많이 들어오더라고요. 상권은 입주 다 끝난 후에 지하철 운행 시작하고 봐도 늦지 않을 것 같아요."

"아…… 그렇구나. 그냥 친구 놈이 관심이 있다고 해서 물어봤어."

"혹시 주변에 그쪽 상가 산다는 사람 있으면 말리세요. 신도시는 상권이 왔다 갔다 하고 상가가 한꺼번에 지어져서 공실 위험이 진짜 커요."

"응, 그렇구나. 그래, 고마워."

김 부장은 조만간 한 번 보자고 대충 얼버무리고는 전화를 끊는다.

송 과장은 느낌이 온다. 이미 사태는 벌어졌다는 것을. 본인 급한 일 아니면 절대 연락하지 않는 김 부장이다.

이 사태를 어떻게 해야 할지 김 부장은 혼란스럽다. 이 시간에 자신의 말을 들어줄 사람은…… 놈팽이뿐이다. 건물주니까 상가에 대해서도 잘 알 것이다. 놈팽이는 자신을 안심시켜줄 것이다. 분명히 무슨 대안이 있을 것이다.

마지막 남은 구명줄에 손을 뻗듯 전화를 건다.
"어이, 김 부장!"
"놈팽아, 오늘 만날까?"
"오늘? 그래, 보자. 어디서?"
"너 있는 곳으로 갈게."
"그래? 그럼 집 앞에 커피숍 있으니까 거기로 와."
부들부들 떨리는 손과 마음을 부여잡고 놈팽이가 알려준 커피숍에 도착한다. 입구에 큼지막한 광고판이 붙어 있다.

아메리카노 1,500원

건물주면 어디 비싼 곳에서 커피를 마시는가 했는데 생

각보다 소박하다. 혹시 자신 같은 백수를 만나는 자리라 1,500원짜리 커피숍에 온 건가. 김 부장 본인도 깨닫지 못한 열등감이 스물스물 기어오른다.

4

놈팽이가 커피를 주문한다.

1,500원짜리인데도 사이즈가 굉장히 크다. 스타벅스 커피보다 3배 저렴한데 양은 3배 많다.

김 부장이 테이블 위에 최신상 아이폰을 올려놓는다. 놈팽이도 테이블 위에 핸드폰을 올려둔다. 5년은 지난 것 같은 갤럭시 6인지 7인지 모르겠다. 낡았다.

"야, 너 건물주 폰이 이게 뭐냐?"

"왜? 잘만 되는데. 전화랑 카톡만 되면 되지 뭐."

"그래도 너무했다. 좀 바꿔라."

"고장 나면 바꿀 거야. 네 건 얼마야? 좋아 보이네?"

"100만 원 넘지, 아이폰인데."

김 부장은 2년마다 신상 폰으로 바꿔왔고, 갤럭시 쓰는 사람은 유행에 뒤처지는 사람이라 생각했다.

"그건 그렇고. 이 시간에 어떻게 나왔어? 네가 양복 안 입고 있는 거 보니까 어색하다."

"나 회사 그만뒀어. 짜증나서. 오래 다니기도 했고."

"그래, 잘했어. 회사 오래 다녀서 뭐하냐. 다른 일 하려고?"

"물어볼 게 있는데, 신도시 새로 생기는 데 있잖아. 내가 상가를 하나 분양 받았거든."

"뭐? 상가를 분양 받았다고? 어디 상가?"

김 부장은 주소를 불러준다. 놈팽이가 핸드폰으로 찾아본다.

"4억 할인 받아서 7억에 코너 자리 받았는데, 어때?"

"잔금 끝났어?"

"어."

"야, 이 븅신아! 미리 물어보든가 해야지, 왜 지금 얘기해! 아파트가 들어서지도 않은 신도시에 왜 상가를 사!"

"지하철역도 생긴다고 하고 임대도 잘 들어온다고 하고 할인도 많이 해주고……."

"지 잘난 맛에 살더니…… 어휴…… 대출은? 대출은 얼마나 받았어?"

"3억……."

"이자 낼 돈은 있고?"

"없어. 퇴직금이랑 통장에 얼마 있던 거 싹 넣었어."

놈팽이가 눈을 질끈 감는다.

"주변 부동산에 가봤어? 임대 맞춰 달라고 얘기는 해놨어?"

"어. 근데 다들 어려울 것 같다고 하네……."

"어차피 벌어진 일이니까 어떻게 할지 생각해보자. 나도 한 번 알아볼게."

"어, 고마워."

"제수씨는 아냐?"

"아니, 몰라……."

"야! 이런 걸, 최소한 가족이랑 상의하고 해야지. 투자해본 적도 없으면서 혼자 결정하면 어떡해!"

"스타벅스 계약하고 나서 서프라이즈 해주려고 했는데……."

"스타벅스 좋아하네. 스타벅스가 미쳤냐? 왜 그런 상가에 들어가! 제수씨한테 솔직하게 다 말해. 너 혼자 감당할 문제가 아니야. 매달 이자는 어떻게 내려고? 돈 한 푼도 없다며?"

김 부장은 아내에게 말할 자신이 없다. 머릿속이 복잡하고 여러 가지 상념들이 몰아친다.

다시 취직을 해야 하나.

공황 장애   183

이 나이에 써줄 곳이 있을까.

나보다 젊고 똑똑한 친구들이 넘치는데 내가 그 틈에 낄 수 있을까.

아들은 날 보고 뭐라고 생각할까.

친구들은 날 보고 뭐라고 생각할까.

아내는 날 보고 뭐라고 생각할까.

전무님, 상무님, 최 부장은 뭐라고 생각할까.

가슴이 코끼리에 짓눌린 듯 답답하다.

5

김 부장은 집까지 어떻게 운전했는지도 모르겠다.

주차장에 도착해 시동을 끈다. 집에 들어갈 용기가 안 난다. 의자를 뒤로 눕혀 선루프를 통해 하늘을 본다. 선루프에는 비둘기 똥들이 아직도 굳건하게 붙어 있다. 여전히 아내에게 말할 용기가 나지 않는다.

집에 들어갔는데 아무도 없다. 다행이다.

텔레비전을 켠다. 한 시간 정도 지나자 부동산 아르바이트를 다녀온 아내가 밝은 표정으로 들어온다.

"여보! 오늘 나 첫 계약 했어. 전세 계약인데 그래도 너무 짜릿해. 사장님이 나보고 소질 있는 것 같대. 우리 저녁 맛있는 거 먹자."

"어…… 축하해……."

김 부장은 저렇게 좋아하는 아내에게 사기당했다는 사실을 차마 말할 수가 없다. 이 분위기를 망치기 싫다. 가슴이 답답하고 숨쉬기가 불편하다. 후…… 후…… 숨을 몰아쉰다. 회사 다니면서 받던 스트레스와는 차원이 다른 강도의 스트레스다.

다음 날 아침, 아내가 황급히 달려온다.

"여보, 괜찮아? 힘들어 보여."

"숨이 잘…… 너무 답답해…… 병원에…… 가봐야겠어."

병원이라면 질색하던 김 부장이 자기도 모르게 병원 가자는 말을 한다. 의사는 다 사기꾼이라던 김 부장이다. 아내는 급히 택시를 잡아타고 함께 응급실로 간다.

응급실에 도착하자 김 부장이 말한다.

"좀 나아졌어."

간호사가 김 부장에게 진료실로 들어가라고 한다. 크록스를 신고 피곤한 표정을 한 의사가 앉아 있다. 차트를 보며 여기저기 체크하더니 김 부장에게 말한다.

"다 정상수치고요. 신체적 문제는 없습니다. 공황 증상이네요. 정신과를 가보셔야겠어요."

정. 신. 과?

미친 사람들만 가는 정신과를, 나보고 가라고?

김 부장은 말문이 막힌다.

아내는 김 부장을 부축하며 나온다.

"여보, 오늘 당장 가보자."

"지금 나를 미친 사람으로 보는 거야? 무슨 정신과야!"

김 부장은 목소리를 높인다.

"의사 선생님이 가라잖아. 당신 아까 숨쉬는 것도 힘들어했잖아. 그러다 잘못되면 어쩌려고 그래."

아내는 같이 목소리를 높이지 않고 조곤조곤 설득한다. 그러나 이제 좀 편해진 김 부장은 숨이 안 쉬어진 그 순간을 금세 잊었다.

"괜찮아, 괜찮아졌어. 그리고 정신과는 절대 안 가."

그날 저녁, 김 부장은 다시 가슴이 답답해진다. 누군가 목을 조르는 거 같다. 아까보다 더 큰 코끼리가 명치를 짓누른다. 숨이 쉬어지지 않는다. 곧 죽을 것만 같다.

"여, 여보, 병원 가자……."

병원에 혼자 갈 자신이 없다.

아내는 김 부장을 데리고 다시 응급실로 간다. 오전에 진료한 의사와 다른 의사인데 똑같이 크록스를 신고 있다.

"공황 증상 같습니다. 스트레스를 많이 받으셨나 보네요. 심리적 압박감이 커지면 종종 발생해요. 약 처방해 드릴 테니 바로 드시고 내일이라도 바로 정신과 가세요."

김 부장은 약을 먹고 응급실 대기실에 한동안 앉아 있는다.

아내가 말한다.

"여보, 내일 정신과 가보자."

"아니야…… 나 멀쩡해. 그냥 스트레스인데 무슨 정신과야. 저 의사들이 진단을 잘못 내린거야."

"여보! 그만 정신차려!"

아내가 김 부장에게 큰 소리를 낸다. 다소곳하기만 하던 아내가, 항상 내편이던 아내가 나에게 소리를 지르다니.

내가 백수라서 소리 지르는 건가…….

이제 나를 무시하는 건가…….

"이러다가 죽으면 어쩌려고 그래? 의사 선생님이 가보라잖
아. 그것도 두 명이나! 왜 그래, 왜!"

다시 아내가 목소리를 높인다. 김 부장은 아내가 화를 내
는 이유가 궁금하기보다 주변 사람들이 자기를 쳐다보는
게 더 창피하다. 사람들이 자기만 쳐다보는 것 같다. 이 순
간에도 김 부장은 남의 시선이 더 신경 쓰인다.

집으로 가는 차 안이 적막하다. 숨소리밖에 안 들린다. 아
내의 눈치를 흘긋 보며 김 부장이 마침내 침묵을 깬다.

"여보, 내일 거기 갈게……."

김 부장은 아내의 제안에 동의하기로 한다. 나는 사기꾼
의사들 말에 동의한 게 아니다, 아내가 가자고 해서 가는
거다,라고 생각하며 김 부장은 고개를 끄덕인다.

아내는 정신과 병원 여기저기를 찾아보더니 예약을 한다.

"여보, 예약했어."

"어, 어."

내가 정신과를 가다니…….

약간, 아니 많이 이상한 사람들만 간다는 정신과다.

가면 미치광이들이 날뛰고 있겠지.

소리 지르고 물건 던지고 난리법석이겠지.

나한테 싸우자고 덤벼들면 어떡하지?

김 부장은 온갖 상상을 한다. 내일이 오지 않으면 좋겠다.

풀썩

1

김 부장은 정신과 앞에 도착한다.

문 옆에 '정신건강의학과'라고 써 있다. 아는 사람이 내가 여기로 들어가는 걸 볼까봐 불안하다. 두리번거리다 냉큼 들어간다. 생각했던 것보다 조용하다. 어제 갔던 응급실보다 훨씬 조용하다. 소리 지르고 날뛰는 미치광이들은 없다. 가끔 가던 치과와 분위기가 비슷한 것 같기도 하다. 대기하는 사람들도 출퇴근 때 보던 지하철 맞은편에 앉아 있는 사람들같이 평범해 보인다.

종이컵을 집어 정수기 물을 받는다. 물을 마시며 정수기 옆에 설치되어 있는 패널의 의사 프로필을 본다. 고등학교 때 전교 1, 2등 하던 친구들이 지원했던 학교다. 혹시 빽으로 들어간 게 아닌가 의심한다.

간호사가 김 부장 이름을 부른다.

"오른쪽 끝 방으로 들어가시면 됩니다."

김 부장과 아내는 방으로 향한다. 원장실이라고 쓰여 있다.

"안녕하세요."

김 부장은 의사의 인사에 별다른 대꾸 없이 원장실을 둘러본다. 다른 병원과 달리 책상, 책, 공기청정기만 있고 별다른 의료 기구가 없다. 정신과라서 그런가 보다. 정신과 의사라면 근엄하고 나이 지긋한 사람일 것 같았는데, 젊은 여자 의사다.

나보다 한참 어려 보이네.

저렇게 젊은 사람이 뭘 안다고.

세상 얼마나 살았다고.

나보다 인생 짧게 산 사람한테 들을 말이 있을까.

"안녕하세요. 여기 앉으세요. 어디가 불편하신가요?"

김 부장이 대답하지 않자 아내가 대신 대답한다.

"남편이 숨이 잘 안 쉬어지고 답답하다고 해서 응급실에 갔더니 공황 증상이라고 해서요."

"네, 알겠습니다. 보호자분께서는 밖에서 대기해주시겠어요?"

"네."

주춤주춤 일어선 아내가 진료실을 나간다.

보호자? 나를 진짜 환자로 보는 건가?

김 부장은 이 상황이 당혹스럽다.

"선생님, 호칭을 어떻게 해드릴까요?"

젊은 여의사가 또박또박 말을 잇는다.

"김 부장이라고 불러주세요."

저 의사도 나를 미친 사람 취급하는 것 같아서 기분이 몹시 나쁘다.

"김 부장님, 공황장애는 이유 없이 생기기도 하지만, 강도 높은 스트레스 상황에서 생기는 경우가 많은데요. 혹시 최근에 그럴 만한 상황이 있었을까요?"

"없어요."

"가족분들과의 관계는 어떠세요?"

"좋아요."

김 부장은 팔짱을 끼고 다리를 꼬고 앉아서 먼 산을 바라보며 퉁명스레 대답한다.

의사는 곰곰이 생각한다.

"말씀하기 어려운 고민이 있으시다거나……."

"아니요, 그런 거 없어요."

의사는 사전 질문지의 직업란을 본다. '무직'이라고 쓰여 있다.

"회사를 그만두신 지는 얼마나 되셨나요?"

"얼마 안 됐어요. 왜요?"

"그렇군요. 직장생활 오래하시다가 일을 그만두신 이후에 변화들이 많았을 텐데요. 요즘의 기분에 대해서 말씀을 해주시겠어요?"

"별일 없어요."

"회사는 왜 나오게 되셨나요?"

"그게 왜 궁금해요? 상사들이 내가 치고 올라가서 자기 자리 뺏을까봐 미리 날 쳐낸 거예요. 주변 사람들도 내가 잘나가는 거 흠집 내고 다녔고요."

"그러시군요. 그건 김 부장님의 추측인가요, 아니면 사실인가요?"

"사실입니다."

"혹시 본인의 퇴직 사유를 정확히 알고 계신가요? 자세히 설명해준 사람은 없나요?"

상무님이 한 말이 생각난다.

"대충 들은 적은 있는데 다 나를 내보내기 위한 핑곗거리일 뿐이었어요."

"알겠습니다. 오늘은 여기까지 하겠습니다. 김 부장님은 밖에서 대기해주시고요. 보호자분 들어오시라고 해주세요."

김 부장은 자리를 박차고 일어난다.

왜 여기 앉아서 이런 대답을 하고 있어야 하는지 모르겠다. 짜증이 난다.

아내가 의사 앞에 앉는다.

"남편분이 직장에서 갑자기 나오게 되어 불안하신 것 같습니다. 그 불안을 가족에게 드러내기 싫어하시는 것 같고요. 혼자 문제를 감당하려고 하는 것 같은데…… 그런 심리적 부담이 누적되어 공황이 온 것 같네요. 이런 분들은 대개 정신과에 대한 반감이 크고 방어적입니다. 사모님한테는 본인 속마음을 좀 이야기를 하시나요?"

"아뇨. 저한테도 아무 얘기 안해요. 남편은 절대 약한 모습 안 보이려고 해요. 그래서 속상해요."

"그만큼 책임감이 강한 분인 거죠. 가족은 반드시 본인 힘으로 먹여 살려야 한다는 철학이 있어서 그래요. 이 부분은 다음 상담부터 서서히 풀어가도록 할게요. 그래도 여기까지 온 것 자체가 가능성이 있다는 뜻입니다. 오늘 약 처방해드릴 테니 힘들면 드시라고 해주세요. 처음부터 억지로 먹게 하면 거부감만 커질 수 있거든요. 다음 주 예약하고 가시면 됩니다."

"네, 감사합니다. 선생님."

2

김 부장과 아내는 약 봉지를 챙겨 집으로 간다.

"여보, 가슴 답답한 증상 있을 때 먹어. 여기다 둘게."

"나 미친 사람 아니야."

김 부장은 선반에서 라면을 꺼낸다.

"내가 끓여줄게."

"아니야. 내가 끓일래. 당신은 아르바이트 하러 가. 시간 됐잖아."

김 부장은 가만히 있는 게 더 괴롭다. 아내가 차려주는 밥을 먹는 것도 괴롭다. 일도 안 하는 백수가 쌀만 축내는 기분이다. 그냥 손에 잡히는 아무 일이나 하고 싶다고 생각하며, 아내가 식탁 위에 두고 간 정신과 약 봉지를 물끄러미 바라본다.

다들 나를 제정신이 아닌 사람으로 보는 게 싫다.

집에 저런 약이 있는 게 싫다.

물이 끓자 면을 넣고 스프를 넣는다. 냉장고에서 달걀을 꺼내 탁 깨서 넣는다. 달걀 껍데기가 라면 속에 빠진다. 대학 자취 시절에는 친구들 사이에서 '라신'(라면의 신)으로 불리던 김 부장이 이제는 달걀 하나도 제대로 못 깬다. 결혼하고 냄비 손잡이를 잡아본 지 20년은 된 것 같다. 껍데기들이 보글보글 거품과 함께 떠오른다. 젓가락으로 집으려 하는데 잘 집히지 않는다.

내가 거품 위의 달걀 껍데기 같은 존재인 거 같다.

회사에서도 나를 이런 눈으로 본 걸까.

빨리 건져내서 버리고 싶은 그런 필요 없는 존재.

집에서도 이런 존재일까.

아내와 아들조차 나를 불필요한 존재로 생각하는 건 아닐까.

라면이 적당히 익어갈 때 즈음, 참치 캔을 따서 둥둥 떠 있는 기름을 버린다. 냄비째 라면을 식탁에 놓고 후루룩 먹는다. 참치도 한 젓가락 먹는다. 평소와는 다른 맛이다.

김 부장에게 라면은 등산 끝나고 먹는 성취의 라면, 축구 끝나고 먹는 승리의 라면, 술 취해서 먹는 해장의 라면, 친구들과 편의점에서 먹는 우정의 라면, 주말이 오기 전 금요일 점심에 먹는 설렘의 라면이었다. 그러나 지금은 사기당한 백수, 패배자, 정신이상자의 라면이다.

라면 끓인 시간보다 먹는 시간이 더 빠르다. 직장 생활 하면서 상사 눈치 보며 급하게 먹던 버릇이 남아 있다. 한 번 빨라진 식사 속도는 느려지기 어렵다.

배가 부르다. 핸드폰을 바라본다. 문자도, 부재중전화도 온 것이 없다. 임대 맞춰 달라고 들렀던 부동산에서는 감감 무소식이다. 아무도 연락하지 않는다. 예전 같으면 여러 사람들이 회사일로 김 부장을 찾았을 텐데. 회사를 나온 뒤로는 텔레마케터가 자신을 고객님으로 부르는 전화뿐이다.

3

다음 정신과 상담일이다.

젊은 여자 의사는 반갑게 김 부장을 맞이한다.

"안녕하세요, 김 부장님. 잘 지내셨어요?"

"네."

"회사 얘기를 좀 더 해볼까 해요. 지난번에 회사에서 주변 사람들이 김 부장님을 험담하고 배신했다고 말씀하셨는데, 이 부분에 대해서 들어볼 수 있을까요?"

"그야 내가 진급 누락 없이 승진한 몇 안 되는 사람 중 한 명이기도 하고요. 또 회사에서 가장 중요한 프로젝트는 주로 내가 맡아서 했으니까요."

정신과 의사는 알고 있다. 본인이 잘나가던 '왕년' 이야기를 하는 것은 누구나 환영한다.

"그러셨군요. 김 부장님을 견제하는 사람들이 많았나 봐요?"

"원래 회사라는 게 경쟁이에요. 입사하는 순간부터 동기들하고 경쟁하고, 치고 올라오는 후배들하고 경쟁하고요."

"늘 경쟁하는 게 힘드셨겠어요."

"별로 힘들진 않았어요. 어릴 때부터 경쟁해 버릇해서 익숙했어요."

절대 열리지 않을 것 같던 김 부장의 입은 회사 이야기로 인해 자연스럽게 풀린다.

"어릴 때부터…… 그 이야기를 좀 더 해볼까요?"

"입사해서는 진급 때문에 경쟁하고 학생 때는 성적 잘 받으려고 친구들이랑 경쟁하고…… 어릴 때 집에서는 형들하고 경쟁하고 그랬죠. 누구나 다 하는 그런 거요."

"어릴 때 형들하고 경쟁한 이유는 무엇일까요?"

김 부장은 생각에 잠긴다. 어린 시절에 대해 생각해본 적은 거의 없다. 앞만 보고 달려왔으니 뒤를 돌아볼 여유 따위는 없었다.

김 부장이 꾹 다물었던 입을 힘겹게 연다.

"부모님이 나를 잘 알아주지 않으셨어요. 칭찬도 안 해주시고, 별로 관심도 안 주셨던 거 같아요. 그래서 형들보다 잘하고 싶었어요. 관심 받고 싶었던 건지…… 무슨 이유인지……."

"학생 때 친구들과 경쟁했던 것도 부모님에게 인정받으려고 열심히 하신 건가요?"

"네…… 아마도……."

김 부장은 본인의 지난 시절에 몰입해 있다. 지금까지도 잊히지 않는 두 개의 사건을 떠올린다.

4

우리집에서는 큰형이 항상 우선이었다.

큰형은 방을 따로 쓰고, 나는 둘째 형과 방을 같이 썼다. 둘째 형은 나와 같이 방 쓰는 게 불편하다며 방을 따로 달라고 어머니께 늘 불평을 했다.

국민학교 때 어머니는 귤 열 개를 사와서는 네 개는 큰형, 세 개는 둘째 형, 세 개는 나에게 주셨다. 내 책상에 세 개를 올려놓고 나갔다가 돌아와보니 두 개는 어디로 갔는지 없고 한 개만 남아 있었다. 나는 둘째 형에게 내 귤 어쨌냐며 따졌고, 둘째 형은 자기를 도둑놈 취급하냐며 화를 냈다. 생각해보니 둘째 형은 내 물건에 손댄 적이 없었다.

큰형 방으로 갔지만 거기에도 귤은 없었다. 책상 서랍을 한 칸 두 칸 뒤졌는데 너저분하게 학용품만 굴러다닐 뿐 귤은 없었다. 문득 책상 옆에 쓰레기통을 열어보니 귤 껍질이 잔뜩 버려져 있었다. 나는 귤 껍질을 모두 꺼내 조각 조각 맞췄다. 맞추고 보니 네 개는 족히 넘었다. 다섯 개를 맞추고도 몇 조각이 더 남았다. 내 귤을 큰형이 먹은 것이었다. 나는 귤 껍질 퍼즐을 그대로 두었다. 큰형이 학교에서 돌아오면 이 증거물을 보여주며 따져야겠다, 마음먹었다.

큰형이 돌아왔다.
"뭐야! 누가 이렇게 해놨어!"
나는 형 방으로 가서 소리쳤다.
"형이 내 귤 먹었지?"
"이거 네가 그랬어? 쓰레기를 왜 방바닥에 깔아놔! 다 치워!"
"형이 내 귤 먹었잖아. 귤 내놔!"
짝!
형이 내 뺨을 때렸다. 형에게 맞는 것은 일상적인 일이라 아무렇지 않았다. 그보다는 귤을 빼앗긴 게 더 억울했다.
"엄마한테 다 이를 거야!"
나는 방에서 혼자 씩씩거리며 남은 한 개의 귤을 바라보았다.

어머니가 일을 마치고 돌아오셨다. 나는 당장 달려가서 어머니에게 큰형이 한 짓을 일렀다.

"엄마! 큰형이 내 귤 두 개 훔쳐 먹었어요!"

어머니는 아무 대꾸도 하지 않으셨다.

"큰형이 내 귤 두 개 훔쳐갔다고요!"

어머니는 말없이 입고 있던 낡은 겉옷을 옷걸이에 걸고 장갑을 벗었다.

"엄마! 형이 훔쳐갔다고요!"

나는 빽 소리를 질렀다

"조용히 해! 그럼 네 형한테 따지든지!

"큰형이 분명히 훔쳐갔는데 발뺌하잖아요. 내가 쓰레기통에서 귤 껍질 다 세어봤다고요. 큰형이 가지고 간 거 맞아요!"

"형이 그걸 왜 가지고 가니? 엄마 힘들어. 조용히 좀 있어."

"엄마 나빠! 큰형도 나빠!"

나는 방으로 들어가서 책상에 엎드려 한 개 남은 귤을 꼭 쥐고 펑펑 울었다.

내 편은 없었다. 내 말을 들어주는 사람은 없었다. 화가 났다가 억울했다가 다시 화가 났다가 서러웠다가, 감정이 교차하면서 터진 울음이 다음 울음을 만들어냈다. 어깨를 들썩이며 울었다. 이마는 땀에 젖었다.

한참을 울고 나니 손 안에 있던 귤이 말랑말랑해졌다. 눈물이 그칠 때 즈음 귤 껍질을 깠다. 말랑한 껍질은 손가락 움직임 세 번 만에 다 까졌다. 신맛보다 단맛이 더 강했던 그때의 따뜻한 귤 맛은 잊히지가 않는다.

5

생각해보면 나는 집안에서 누구와도 친밀하지 않았다.
형들과 말을 섞지도 않았고 부모님과 대화를 한 적도 거의 없었다.

줄곧 반장을 하던 큰형 학교에 어머니가 떡을 맞춰 들고 가신 기억이 난다. 나도 반장이 하고 싶었지만 잘난 것 없는 나를 친구들이 반장으로 뽑아줄 리 없었다. 공부라도 잘하면 반장이 될 수 있을까 싶어, 1학기 기말고사에서 반 2등으로 좋은 성적을 냈다. 그 덕분인지 2학기에 부반장이 되었다. 반장과 압도적인 표 차이로 졌지만 부반장이라는 것만으로도 충분히 만족했다.

무엇보다 집에 가서 부모님과 형들에게 자랑할 생각에 신이 났다. 신발주머니를 휘휘 돌리며 집으로 뛰어갔다. 그날도 집에는 아무도 없었다. 아무나 빨리 집에 오기를 기다렸다.

덜컥덜컥 문 열리는 소리가 나고 둘째 형이 들어왔다.
"형! 나 부반장 됐어!"
둘째 형은 나를 흘깃 보더니 아무 말 없이 가방을 책상 위에 던지고는 책상 위에 굴러다니던 동전 몇 개를 집어들고 다시 나갔다.
한 시간 뒤에 어머니가 들어오셨다.
"엄마! 나 부반장 됐어!"
"그래."
뜨뜻미지근하게 대답을 하시고는 화장실로 들어가셨다. 화장실 문을 닫는 어머니 뒷모습, 그때 달칵거렸던 문소리. 그 장면은 아직도 기억에 생생하다.
화장실에서 나오신 뒤에라도 한마디 해주실 줄 알았다. 나는 화장실 앞에서 기다렸지만, 어머니는 별다른 말씀 없이 방으로 들어가셨다. 그때 어머니가 '잘했다'라는 칭찬 한 마디만 해주셨어도……

풀썩   207

6

김 부장의 이야기를 경청한 의사가 질문한다.

"부모님께서 김 부장님을 인정해주시지 않았다고 생각하는 이유는요?"

"모르겠어요. 워낙 일만 하고 사셔서……. 그때는 먹고사는 것도 힘든 시절이라…… 저희 형제들 거둬 먹이는 것도 쉽지 않았을 때고……."

"그럼 한 번 바꿔서 생각해볼까요? 김 부장님은 본인이 원했던 것처럼 아드님을 칭찬해주고 인정해주고 많은 관심을 보여주셨나요?"

픽!

한 대 맞은 기분이다.

김 부장 아버지 모습이 지금 자신의 모습과 다르지 않다. 자식의 말에 귀 기울이지 않던 아버지. 어머니에게 칭찬받고 싶었던 만큼 아버지에게도 인정받고 싶었다. 그렇지만 아버지는 어머니보다 더 얼굴 볼 새 없이 바쁘셨다. 아침에 일어나기도 전에 일하러 나가셨고, 잠이 들어야 들어오셨다. 열심히 일하는 게 당연한 시절이었지만, 김 부장은 자신도 모르게 아버지의 모습을 그대로 따라 하고 있었던 것이다.

정신과 의사는 다음 질문으로 넘어간다.

"다시 회사 얘기로 돌아갈게요. 부장까지 승진을 하셨으면 밑에 후배들이 꽤 많았겠네요?"

"네, 많았어요."

"그 후배들에게는 어떤 부장님이었다고 생각하세요?"

픽!

한 대 더 맞았다.

상무님이 하신 말씀이 생각난다. 팀원들이 만든 보고서를 내 마음대로 바꿨던 것이 생각난다. 팀원들이 나를 바라보는 표정은 '멋져요'가 아니라 '왜 그러세요'였던 것이다. 자신만을 돋보이기 위해 살아왔던 내 모습이 파노라마처럼 지나간다. 상무님이 하신 말이 이제야 이해된다.

"글쎄요. 솔직히…… 아닌 것 같네요……. 저만 잘나가면 된다고……."

김 부장은 고개를 숙인다.

"지난번에 처방해드린 약은 드셨나요?"

"아니요."

"숨이 가빠온 적은 없었나요?"

"있긴 했는데……."

"공황 증상은 감기와도 같은 거예요. 감기약 드시는 것처럼 드세요. 무릎 통증, 허리 통증 있을 때 약을 먹거나 파스 붙이듯이요."

사실 김 부장은 정신과 약을 먹는 게 두렵다. 이걸 먹는 순간 끊을 수 없을 것만 같고, 진짜 정신이상자가 된 것 같은 기분이 든다.

의사가 김 부장 마음을 안다는 듯이 말한다.

"정신과 약은 중독성이 없습니다. 걱정 안 하셔도 돼요. 공황 증상이 불편하게 느껴질 때 드시면 도움이 됩니다. 오늘은 여기까지 하겠습니다. 다음 주에 뵙겠습니다."

"네, 감사합니다."

김 부장은 저도 모르게 감사하다고 말하고 나온다.

정신과는 치과처럼 아픈 게 없어서 좋다. 밖에서 기다리던 아내는 환하게 웃으며 김 부장 손을 잡고 병원 밖으로 나간다. 마음이 한결 편해진 듯한 느낌이 든다. 인정하기 싫지만 편해진 것은 사실이다.

7

핸드폰이 울린다.

놈팽이 이름이 핸드폰 화면에 뜬다. 상가 이야기를 할 것 같아 받지 않는다. 아내에게 언제까지 이 비밀을 지킬 수 있을까.

아내가 없을 때 놈팽이에게 전화를 건다.

"어, 놈팽이 전화했었네."

"잘 사냐? 궁금해서."

"그냥 있어."

"내가 혹시나 해서 하는 말인데, 어떻게든 손실 메우려고 다른 데 투자하거나 하지 말라고. 이럴 때 또 투자하는 게 제일 위험해."

"투자할 돈도 없어."

"그럼 다행이고. 그냥 궁금해서 전화해본 거야. 시간 많은 친구 생겨서 좋네. 한 번 보자."

풀썩 211

"어, 그래."

그래도 나 잘 살고 있나 연락 주는 건 놈팽이뿐이다.

갈 데 없는 김 부장은 집 근처 산으로 향한다. 산에 올라가며 의사가 한 말을 생각한다.

내 부모님의 무관심한 태도가 나의 모습이라니.

아들은 그동안 얼마나 관심에 목말라 있었을까.

내가 아들의 날개를 꺾으려 했던 것은 아닐까.

내가 아들에게 해준 게 뭐가 있다고.

아들이 삐딱선 타지 않도록 잘 키워준 아내가 고마워진다.

산 정상에 도착한다. 오랜만에 등산을 했더니 다리가 후들거린다. 어디선가 불어온 바람이 땀을 식혀준다. 주머니를 뒤져 자유시간을 하나 꺼낸다. 우적우적 씹어 삼킨다.

멀리 최 부장네 아파트도 보이고 철거가 거의 끝난 상무의 재건축 아파트도 보인다. 한때 초미의 관심사였던 집이다. 그렇게 집착해왔던 집이 뭔지. 이제 와서 아무 의미도 없어 보인다.

집 생각보다는 김 부장 본인 스스로 대해 질문한다.

그들이 나를 정말 시기, 질투해서 쳐낸 걸까.

내가 정말로 무능한 걸까.

하아…….

한숨이 길어진다.

절벽 아래를 내려다보니 그다지 아찔하지가 않다. 바닥이 가깝게 보인다. 순간 김 부장은 오만 가지 생각이 든다.

여기서 떨어지면 편해질까?

내가 없어지면 아내와 아들이 고생하지 않아도 될 텐데.

난 왜 이럴까. 왜 이 모양일까.

행운의 여신은 없는 걸까.

행운의 여신은 저 아래 있는 걸까…….

저 아래로 가면 여신을 만날 수 있겠지…….

풀썩.

김 부장은 자리에 주저앉는다. 무릎에 힘이 풀린다. 가족이 없었다면 행운의 여신을 만나러 외로이 갔을 것 같다. 아내와 아들을 두고 갈 수는 없다. 그대로 주저앉은 채 멀리 시선을 옮긴다. 페인트 칠한 지가 오래되어 누렇게 변한 김 부장 아파트가 보인다.

풀썩

그래, 집도 있는데 노숙자처럼 되기야 하겠어.

저 집 한 채 없었으면 어쩔 뻔했나.

퇴직하고 보니 남는 건 가족과 저 집 한 채뿐이다.

아, 망할 상가 하나와 대출이 있다.

한동안 반대편에 있는 산을 바라보다가 엉덩이를 털고 발걸음을 돌려 내려온다. 오랜만에 운동을 했더니 배가 고프다. 김밥집이 있다.

그때 최 부장도 참치김밥 사줄 걸.

아니야, 나를 끌어내린 장본인 아닌가.

상반되는 감정이 치열하게 다툼을 한다. 입맛이 없어진다.

집으로 향하던 중에 문득 아내가 어디서 어떻게 일하는지 궁금하다. 생각해보니 어느 부동산인지 물어보지도 않았다. 그러고 보면 김 부장은 가족에게 참 관심이 없었다. 어떤 남편인지, 어떤 아빠인지, 어떤 팀장인지 그들의 시선에서 자신을 생각해본 적이 없다. 오히려 길거리에 스쳐가는 낯 모르는 사람들의 시선에 더 신경을 썼다. 백화점 직원, 카페 종업원, 회사 로비 안내원 등 자신이 누군지도 모르는 사람들에게 잘 보일 생각만 했다.

5 4 3 2 1

대출 이자 지불할 날짜가 다가오고 있다

1

대출 이자 지불할 날짜가 다가오고 있다.

첫 번째 이자를 낼 돈은 있다. 주식 앱을 켠다. '+100'이다. 주식계좌에 있는 돈을 다 빼면 그래도 몇 달 동안 이자는 낼 수 있다. 혹시 대박이 터질지 모르는 몇 개 종목은 비상금으로 남겨두기로 한다.

아내가 일을 안 했으면 생활비는 어떻게 했을까. 관리비는 어떻게 냈을까. 아득하다.

돈. 돈. 돈.

결국 돈인가. 돈이 사람을 이렇게 비참하게 만드나.

직업을 잃은 것뿐인데 직업을 잃으니 돈이 없다.

돈이 없으니 내가 없어진 기분이다.

아들 말이 맞았다.

다 돈 벌려고 일하는 거다.

나는 임원이 되려고 회사를 다닌 건데, 상무님과 전무님은 더 많은 월급을 받으려고 임원이 된 거였다. 그들도 직원일 뿐이었다.

그들이 성공의 최정점에 있는 줄 알았는데, 바깥에서 보니 그냥 다 같은 직원이다.

돈이 세상의 중심인 세상, 자본주의 세상이다.

일하지 않는 자는 굶고, 일하는 자는 굶지 않는다.

나는 지금 일을 하지 않고 있고, 사기까지 당했다.

굶지 않고 있는 게 신기할 뿐이다.

감사해야 하나.

때마침 놈팽이에게서 전화가 온다.

"김 부장 뭐해? 놀자! 백수끼리 놀자고!"

"어, 그래. 기분도 꿀꿀한데. 근데 남자 둘이서 뭐하냐?"

"족발이나 뜯자. 우리 가던 족발집으로 와."

"어, 그래."

2

김 부장은 놈팽이를 족발집에서 만난다.

"반반, 대 사이즈로 주세요."

"너 맨날 이렇게 놀면서 사냐?"

"뭘 놀아. 운동하고 공부하고 책 보고 임장 다니고, 나름 열심히 살아."

"부럽다. 돈 걱정 안 하고."

"돈 걱정을 왜 안 해? 돈 나갈 데가 얼마나 많은데. 이자랑 세금만 해도…… 아으, 한잔 받아."

맥주를 콸콸콸 따른다. 놈팽이는 예전부터 거품이 잔뜩 생기도록 따른다.

"운동하고 왔어?"

"어, 헬스. 헬스 하고 나면 단백질 섭취가 필수지."

"그래서 족발 먹자고 했구먼."

"족발만 먹어야 하는데 맥주도 같이 마시니까 살이 안 빠진다. 근육도 빠지고."

놈팽이는 '네가 좋아하는 족발, 기 죽어서 못 먹고 있을까봐 먹자고 했다'는 말은 속에만 담아둔다.

"상가 쪽에선 아무 연락 없어?"

"없어. 사기 친 놈들 싹 다 잡아넣어야 하는데……."

놈팽이가 잠시 생각하더니 제대로 마음먹은 듯이 말을 꺼낸다.

"김 부장, 내 말 잘 들어. 그 사람들이 사기 쳤다는 거 그건 나도 알겠는데, 그래도 결국 모든 투자는 본인이 결정하고 책임지는 거야. 너 그때 회사에서 나올 때쯤이었지? 너처럼 자존심 센 놈들은 그 존심을 계속 유지하려고 해. 회사에서 갖고 있던 지위가 전부였는데 갑자기 없어져봐. 지푸라기라도 잡고 싶잖아. 뭐라도 하게 되고."

놈팽이가 이렇게 진지한 얘기를 하는 것은 처음이다. 장난만 치던 녀석이 상무와 비슷한 말을 하다니 새삼 놀란다.

"투자를 할 때는 개인적인 감정은 최대한 배제시켜야 하는데, 그때 네 상황에서는 그게 힘들었을 거야. 회사에서는 나가라고 하지, 돈줄은 끊기지, 가족들이나 친구들한테 쪽팔리지. 그런 비이성적인 상태에서 하는 투자는 백 프로 실패야. 그래서 나도 투자할 때는 내 감정이 섞였는지 안 섞였는지 결정하기 전에 항상 확인하려고 해."

놈팽이는 구멍 난 깻잎에 마늘과 불족을 얹어 먹는다. 몇 달 전의 김 부장이라면 직원한테 벌레 먹은 깻잎 좀 보라며 깨끗한 깻잎으로 다시 가져오라고 했을 것이다.

"보통 사기꾼들은 엄청 친절한데 그 분양 사무실 사람들은 너무 친절하지도 불친절하지도 않았어. 사라고 강요하지도 않고, 그렇다고 허술하게 놔주지도 않더라고. 대신 나를 초조하게 만들었던 것 같아."

"요즘은 예전처럼 막 사라고 닦달 안 해. 걔네들은 밀당 선수야."

김 부장은 맥주를 원샷 한다.

"그런데 말이야. 너 만약에 그 상가에 임차 들어와서 월세 잘 받고 있다고 생각해봐. 좋겠지?"

"어."

"내가 봤을 땐 아니야. 지금 이렇게 된 게 차라리 잘된 걸 수도 있어."

"뭔 소리야. 왜?"

"그럼 네가 성공한 투자자라고 자만하게 될 거 아니야. 부동산 전문가라고 착각하게 되고 자만심만 쓸데없이 높아지고. 그러다 보면 과감해져서 진짜 큰 사고 치게 되어 있

어. 3억 대출 이자는 네가 알바를 하든 배달을 하든 뭘
하든 어떻게든 낼 수 있잖아. 근데 상가 건물 전체를 분
양 받았다고 생각해봐. 3억이 아니라 30억 대출받는 거야.
그때는 진짜 골로 가는 거지. 내 주변에 실제 그런 사람이
있어."

김 부장은 턱하니 말문이 막힌다.

꼬질꼬질 추리닝을 입은, 나보다 더 백수처럼 보이는 저 녀
석이 갑자기 한참 형처럼 느껴진다.

30억 빚이라니. 3억이라 그나마 다행인 건가.

3

김 부장이 깨작거리는 것을 지켜보던 놈팽이가 말한다.

"팍팍 좀 먹어. 너무 매워? 막국수 먹을래?"

"나는 족발집 막국수는 안 먹어. 막국수 전문점에서만 먹어."

김 부장이 제일 싫어하는 게 족발집에서 나오는 허접한
막국수다.

"허, 이놈 뭘 좀 아네. 그나저나 상가는 제수씨한테 말했
어?"

"아니……."

"아직도 말 안 했어? 나만 아는 거야? 참 영광이다, 으이그."

"요즘 공인중개사 자격증 따고 부동산에서 아르바이트 하는데 재밌어 해. 그 기분 망치기도 싫고, 말할 용기도 없고……."

"제수씨가 공인중개사 자격증 땄다고? 이야, 너보다 낫다. 너 자격증 뭐 있냐? 운전면허증? 으하하하하. 너 1종도 아니고 2종이잖아. 1종이면 학원 버스 기사라도 해보라고 할 텐데 못하겠네."

놈팽이는 어릴 때부터 늘 이러던 놈이라 별로 기분 나쁘지 않다.

"제수씨도 땄으니까 너도 따봐. 요즘 젊은 사람들도 많이들 한다더라."

"야, 그걸 내가 어떻게 해. 내가 무슨 부동산이야……."

"네가 지금 앞뒤 가릴 때야? 정신 못 차렸네. 우리 고등학교 동창 민수 알지? 민수 요새 택시 기사 한다더라. 일반택시 몇 년 하다가 개인택시 하면서 잘 산대. 완전 개인사업자야. 너도 택시 해보든가."

조금만 추워도 히터 틀어달라 하고, 조금만 더워도 에어컨 틀어달라 하고, 담배 냄새 난다고 창문 열고, 라디오 소리

줄여달라 하고, 급하니까 빨리 가달라 하고, 술 먹고 토하고……. 김 부장은 자신이 택시 타서 했던 짓이 기억난다. 차마 택시는 못하겠다.

"내가 무슨 택시 기사야, 장난해?"
"그럼 뭐 할래, 치킨집 할래?"
닭고기가 안 익었다고 눈 부릅뜨고 따지고, 이 집 맛없다고 동네방네 소문 내고 다니고, 뼈가 까맣다고 오래된 닭 쓴 거 아니냐며 불평하고, 단무지 양이 왜 이렇게 적냐고 투덜거렸다. 치킨집도 차마 못하겠다.
"안 해, 치킨집."

"그럼 택배?"
도대체 언제 오냐고 택배 기사를 닦달하고, 박스가 찌그러져 있으면 왜 던졌냐고 따지고, 카트에 박스를 가득 싣고 엘리베이터 탄 기사에게 좁다고 눈을 부라렸다. 택배도 차마 못하겠다.
"안 해."
"안 하는 게 아니라 못 하는 거겠지, 븅신. 사지 멀쩡한데 못하는 게 어디 있어?"

김 부장은 다시 말문이 막힌다.

"장난이야, 인마. 족발이나 뜯어. 뼈는 다 네 거야. 나 뼈 싫어해."

얼마만의 족발인가. 먹고 싶을 때마다 먹을 수 있었고, 회식 때마다 너무 많이 시켜서 남기기 일쑤였다. 그런데 회사를 나오고 나서는 차마 내 돈 주고 사먹지를 못했다.

맛있다.

"놈팽아, 근데 너 정신과 가본 적 있냐?"

"어. 몇 번 갔지. 가끔 가."

"정말? 왜?"

"다운된 기분이 오래간다거나, 화가 쉽게 난다거나, 그럴 때 갔어. 갑자기, 정신과는 왜?"

이렇게 느긋하고 성격 좋은 건물주 놈팽이가 정신과에?

미친 사람들만 가는 게 정말 아니었나…….

"아…… 그, 그냥."

"그래, 너도 한 번 가봐. 그러고 보니 지금 너한테 필요한 건 정신과야. 진단 좀 받자."

"어…… 그래볼까…….."

"정신이 이상한데 정신과 안 가는 놈들이 진짜 이상한 놈들이야. 자기가 이상한 걸 알고 가는 사람들은 정상이고. 나 화장실 갔다 올게."

놈팽이가 화장실에 간다. 놈팽이가 오늘따라 어려운 말을 많이 한다. 김 부장이 걱정이 돼서일까. 김 부장은 놈팽이가 사라진 쪽으로 고개를 돌린다. 화장실 간다던 놈이 몰래 계산하고 있다. 못 본 척 다른 곳을 본다. 평소 같으면 달려가서 '뭐하는 거야, 내가 계산할게'라고 했을 텐데. 오늘은 '어? 언제 계산했어. 내가 계산하려고 했는데'라고 나갈 때 말할 것이다. 차가운 맥주를 계속 마셔서 그런지 으슬으슬 춥다.

4

세 번째 정신과 상담일이다.

아내와 손을 꼭 잡고 간다. 연애할 때나 잡았던 손을 최근에 다시 잡는다. 김 부장도 이유는 모른다. 정신과에 몇 번 가다 보니 남의 시선도 별로 신경 쓰이지 않는다. 놈팽이도 종종 다닌다니 자신도 가도 될 것 같다.

진료실에 들어가자마자 이번에는 김 부장이 먼저 인사한다.

"안녕하세요, 선생님."

"안녕하세요. 잘 지내셨어요?"

"네, 잘 지냈습니다."

"지내면서 하셨던 생각이나 느꼈던 감정들 중에 어떤 이야기를 해볼까요?"

"흠…… 너무 제 중심으로 살았던 것 같아요."

"누구나 사람은 자기중심적이죠. 우월해지고 싶은 것도 당연한 거고요. 그게 심해지면 나르시시즘, 자기애성 인격장애가 되는 거고요."

인격장애?

내가 미친 사람이자 장애인?

"제가…… 그럼 인격장애……인가요?"

"술에 취했다고 하면, 약간 취했을 수도 있고 완전히 정신 못 차릴 수도 있는 것처럼, 뭐든 강도의 차이가 있잖아요. 인격장애도 미미할 수도 있고 아주 심할 수도 있는 거죠. 대부분의 사람들이 인격장애를 가지고 살아갑니다. 그게 티가 안 나고 사회생활에 불편함이 없으니 모르고 사는 것뿐이에요."

"아…… 네……."

"회사 얘기를 좀 더 구체적으로 해볼까요? 혹시 김 부장님을 불편하게 만드는 인간관계가 있었나요?"

바로 최 부장이 떠오른다.

"네, 있어요. 최 부장이요."

"최 부장님이 김 부장님께 어떤 불편한 감정을 주었을까요?"

"저랑 같이 진급 누락 없이 쭉 왔었고, 비슷한 업무도 쭉 해왔고요."

"그래서 늘 견제해왔나요?"

"네……."

"최 부장님도 김 부장님을 라이벌로 생각했을까요?"

"모르겠어요. 그건…… 아닌 거 같아요."

"김 부장님이 최 부장님과 업무적으로 비슷했다면, 업무 외적 요인은 뭐가 있을까요?"

"예를 들면…… 최 부장이 좋은 가방을 하나 들고 다니면, 저는 그것보다 더 비싼 걸로 샀어요. 그리고 최 부장이 집도 더 좋은 데 살고요……."

"업무적으로도 사적으로도 경쟁심을 느끼셨나 보네요."

"네……."

"보여지는 게 중요하다고 생각하시고요?"

"네, 브랜드 있는 구두나 넥타이나…… 정장, 시계, 그런 거 사 모으는 게 습관이었어요."

"김 부장님 주변에 그렇게 하고 다니는 사람들이 있었나요?"

"네. 시계는 상무님 거 보고 샀고, 구두는 젊은 팀원들이 알려준 유행한다는 브랜드고, 넥타이는 좀 비싼 거…….그렇게 좋은 것들을 걸치고 다니면 기분이 좋았어요. 집에 나서는 순간부터 지하철 타고 회사 도착해서 복도를 걸어갈 때까지 다 사람들이 저만 쳐다보는 거 같고…….지하철역이나 화장실 거울을 보면 그런 걸 걸친 제 모습이 너무 멋있어 보였어요."

"제가 보기엔 김 부장님은 인정받기 위해 회사에서 본인의 방식대로 최선을 다하셨고, 그래서 진급도 잘하셨고, 외적인 부분도 인정받기 위해 명품을 걸치면서 우월해지고 싶으셨군요."

"네, 맞아요."

"그런데 갑자기 회사에서 나가라고 하니 충격이 크셨고, 그 이유는 남들의 배신과 질투라고 생각하셨던 거고요."

내 생각을 아주 잘 정리해준다. 사기꾼은 아닌 것 같다.

"보통 주변의 인정이나 우월감이 중요한 분들은 개인의 결함이나 실수로 인해 벌어진 일을 어떤 방식으로든 그럴듯한 핑계를 만들어 스스로를 보호하려 해요. 열등하다는 감정을 느끼는 것이 고통스럽거든요. 자신의 행동에 합리화를 하고, 모든 원인이 나를 제외한 외부에 있다고 생각하죠."

이 의사가 지금 내 뼛속까지 후벼 파고 있다.

"최 부장을 떠올릴 때 불편한 게 또 있다면요?"

"네, 우리 집도 집값이 많이 올랐다고 생각했는데 최 부장집이 훨씬 새집이고 비싸더라고요."

"그게 질투가 나셨나요?"

"네, 꾀죄죄하게 하고 다니던 사람이 저보다 좋은 집 산다니까 더……."

"배 아프셨네요."

"네……."

내가 이렇게까지 나에 대해 깊이 파고들었던 적이 있었던가.

아내도 친구들도 나의 내면을 들쑤신 적이 없었는데.

여기서 이렇게 닭고기처럼 발골당하는 건가.

의사의 질문은 계속된다.

"그 불편한 감정을 피하고 싶어서 어떻게 하셨나요? 더 좋은 집을 사셨나요?"

"아니요. 상가를 샀어요."

흡.

놈팽이에게만 발설한 1급 기밀을 말해버리고 말았다.

"상가를 사셨군요. 오늘은 여기까지 하겠습니다."

"제 아내에게는 말하지 말아주세요."

"네, 여기서 하신 이야기는 저와 김 부장님만 아는 겁니다. 상가 사셨다는 건 김 부장님이 사모님께 직접 말씀하시는 게 좋을 것 같아요."

의사는 알고 있다. 퇴직한 사람들이 사업이나 투자에 실패해서 스트레스로 인해 공황 장애에 걸린다는 것을.

대기실에서는 아내가 변함없이 환하게 미소를 지으며 김 부장을 맞는다. 상담하면서 너덜너덜해졌다고 생각했지만, 한편 스스로를 알아가는 계기가 된 것 같다.

이제는 내가 궁금해졌다,

그 잘난 김 부장에 대해서.

5

집에 도착했다.

김 부장 아파트 주차장에도 예전에는 별로 없던 수입차가 즐비하다. 차 문을 열려다가 갑자기 김 부장이 말한다.

"외제차…… 외제차……. 참 웃겨. 그치?"

"뭐가?"

"아이폰 보고 우리가 외제폰이라고 안 하잖아. 망고나 바나나도 외제 과일이라고 안 하는데, 유독 차만 외제차, 수입차라고 하는 게."

"그러게. 그러고 보니 진짜 그러네? 요즘 수입차가 갑자기 많아지긴 했어."

"본사에 있을 때 젊은 애들 수입차 끌고 왔을 때 혼자서 버럭 했었는데, 그땐 왜 그랬는지 몰라."

"하하. 그랬어? 뭐 우리 세대 문화는 그랬지만 지금은 변했지."

"왜 나만 그걸 못 받아들였는지?"

"이런 사람도 있고 저런 사람도 있고 그런 거지. 내가 당신이었어도 비슷했을 거야."

"근데…… 여보…… 나 할 말이 있는데……."

김 부장이 침을 꿀꺽 삼킨다. 침 넘어가는 소리가 차 안에 울려 퍼지는 것 같다. 아내와 첫 키스 하기 직전, 침 넘기는 소리가 아내에게 들릴까 조마조마했던 그때가 생각난다.

"응?"

"상가 하나 분양받았거든……."

"상가? 무슨 상가? 누가?"

"내가…… 저기 신도시에 새로 짓는 상가를 하나 분양받 았어……."

"상가를 당신이 산 거야?"

"어…… 당신한테 말하고 샀어야 했는데……."

"얼마짜린데?

"7억……."

"7억? 여보…… 그 큰돈이 어디 있어서?"

"퇴직할 때 받은 거랑…… 대출이랑 해서……."

"하아……."

아내가 땅이 꺼져라 한숨을 내쉰다.

"미안해…… 3억 대출을 받았는데 지금 임대가 안 나 가……. 내가 이자는 어떻게 해서든 내볼게. 정말 미안해, 지금 말해서."

"여보…… 왜 그랬어!"

"미안해······."

음소거를 해놓은 듯하다. 모든 것이 정지된 것 같다. 김 부
장에게는 1시간 같은 1분이 지났다.

시간이 어떻게 흘렀는지 모르겠다. 아내가 머리를 털면서
고개를 든다.

"그랬구나. 그래서 당신 얼굴이 그동안 많이 어두웠구나.
당신이 어떻게든 잘 해보려고 그런 걸 텐데······ 하아, 그
래도 나랑 상의는 하고 했었어야지."

"그랬어야 했는데······ 혼자 급하게······ 그렇게 됐어. 정말
미안해······."

아내 앞에서 고개를 숙이기는 연애시절 몰래 미팅하다가
걸렸을 때 빼고 처음이다.

"어차피 이렇게 된 거니까, 그 상가에 한 번 가보자."

"어어? 그, 그럴까?"

쳐다보기도 싫던 신도시로 향한다. 여기저기 공사 중이다.
오늘도 참기름 아저씨들이 팸플릿을 들고 길거리에서 배
회하고 있다. 온갖 현수막들이 여기저기 걸려 있다.

회사보유분 할인 분양

마지막 기회

임대확정

고정수익

노후대비

마침내 김 부장 상가에 도착한다. 이리저리 둘러보더니 아내가 말한다.

"이 정도 평수면 뭐가 들어올 수 있을까 생각해봤어?"

"카페? 빵집? 그 정도……."

"주변에 상가가 너무 많아. 그리고 아직 아파트 입주하려면 좀 남았고……."

지난번 들렀던 부동산에서 들은 말이다. 이 정도는 누구나 다 아는 것인가 보다. 아니면 공인중개사 자격증을 따서 알 수 있나 보다.

"딱히 지금 들어올 만한 게 없어 보이네. 뭐가 없을까……. 아들이 지금 방을 창고로 쓰고 있는데 좀아 보이더라고. 아들한테 한 번 물어볼게."

"그, 그건…… 좀……."

"뭐 어때. 어차피 비어 있잖아. 누구라도 쓰면 좋은 거지.

내가 한 번 말해볼게. 여보, 앞으로는 중요한 결정 있으면 나한테도 꼭 미리 말해줘. 우리는 가족이잖아. 당신이 대기업 출신에 똑똑하고 능력 있는 건 알지만, 혼자 머리 싸매고 고민하는 것보다 여러 사람 생각 들어보는 게 도움되는 거 알지? 그리고 나는 아내니까 나한테는 꼭 말해줘. 지금 이 시간부터."

다른 사람 같았으면 이혼 사유감이라고 난리 칠 텐데 진짜 내 아내는 천사다.
아내는 어쩌면 내 머리 꼭대기에 있는 걸지도 모른다.
아내가 이 상황에서 난리 치면 나도 같이 받아칠 테고, 더 고집스럽게 나를 정당화하려고 버틸 테고, 부부 사이는 흐트러지고, 스스로 반성할 기회조차 없겠지.
내가 어떤 사람인지 이제는 나도 좀 안다.

아내님 손바닥 안

1

네 번째 정신과 상담일이다.

발걸음이 가볍다. 정신적으로 완벽한 사람은 없다. 머리가
조금 아파도 병원에 가는 사람이 있고 안 가는 사람이 있
다. 상무의 충고대로 모르는 것보다 모르면서 아는 척하는
게 창피한 거고, 놈팽이 말대로 본인이 이상한 데도 정신
과에 안 가는 게 이상한 거다.

지난 상담 때 나를 조각조각 해체했던 의사 선생님에게 밝
게 인사한다.
"안녕하세요."
"안녕하세요, 김 부장님. 전보다 기분이 좀 나아 보이시네
요?"

"네, 아내에게 말했어요."

"편해지셨나요?"

"네."

오늘은 진짜 내가 누군지 알아보는 시간이다. 생각나는 것, 기억나는 것들을 모두 털어놓을 생각이다.

"오늘은 어떤 얘기를 해볼까요? 혹시 하고 싶었던 이야기가 있으세요?"

김 부장은 숨을 깊게 몰아 쉰다.

"저라는 인간이 어떤 인간인지 알고 싶고요. 인정하기 어려웠던 것들을 이제는 인정하고 싶어요."

"인정하기 어려운 것들이라…… 조금 더 구체적으로 말씀하신다면요?"

"제가 백수라는 것, 사회에서 버려졌다는 것, 아 사회…… 라기보다는 회사에서 버려졌다는 것, 제 능력이 부족해서 버려졌다는 것……. 인정하기 싫지만 인정은 해야겠고…… 사람 마음이 원래 이런가요?"

"물체에도 관성이 있듯이 삶에도 관성이 있어요. 마찬가지로 김 부장님도 과거가 그동안의 삶을 정의해왔어요. 자아는 어린 시절부터 겪어온 경험을 토대로 형성되어왔기 때문에 쉽게 바꿀 수가 없어요. 과거부터 습득해온 익숙한 방식들을 김 부장님도 쉽게 바꾸긴 어려우실 겁니다."

"네…… 선생님."

"경쟁심, 질투심, 우월감 같은, 김 부장님이 어릴 적부터 마음 안에서 키워왔던 것들이 어떻게 자신을 힘들게 했는지, 어떻게 지금의 김 부장님으로 이끌었는지 그런 걸 알아야겠죠. 특히 우월감은 성공의 토대가 될 수도 있고, 목표의식을 갖는 데 중요한 역할을 할 수도 있지만, 너무 지나치면 독이 될 수도 있어요. 내적으로든, 외적으로든요. 김 부장님 상황처럼 원치 않은 신변의 변화가 생기고 급격하게 새로운 환경에 적응해야 할 때는 그런 감정을 과감하게 떨쳐버릴 필요가 있습니다."

"네, 그러고 싶어요. 저 혼자 잘난 맛에 살면서 다른 사람들 무시하던 태도, 남들보다 뛰어나야 한다는 우월감, 원하는 대로 되지 않을 때 상대방에게 느꼈던 질투심…… 다 버리고 싶어요, 이제는."

"정말 많이 발전하셨습니다. 처음 오셨을 때와 지금 김 부장님 모습은 너무 다른 모습이에요."

"감사합니다……"

의사는 차트에 무언가를 체크하더니 김 부장을 쳐다보며 다시 묻는다.

"김 부장님, 요즘 집에서 많이 힘드시죠?"

"네…… 사기당한 백수가 집에 있으니……."

"학생 때 시험 못 본 적 있으세요?"

"네."

"그거랑 같다고 생각하세요."

"무슨 말씀이시죠?"

"시험을 못 봤을 때 어떠셨어요? 학교 생활 다 망친 것 같고 세상이 끝난 것 같지만, 나중에 되돌아보면 그때 왜 그렇게 고민했을까, 하는 생각이 들죠. 똑같아요. 회사에서 은퇴했다고 해서 삶을 은퇴한 게 아니에요. 사기 한 번 당했다고 해서 인생이 막을 내리는 게 아닙니다."

의사는 숨을 고르고 다시 말한다.

"남은 삶을 생각해보세요. 젊었을 때처럼 도전적으로 받아들이느냐, 그저 과거만 회상하면서 한탄하고 후회하며 죽음만 기다리느냐, 이건 완전히 다른 이야기입니다. 어떤 선택을 할지는 김 부장님 몫이고요."

김 부장은 이제야말로 의사에 대한 평가를 다시 내린다.

이 젊은 의사가 지금 자신에게 인생 충고를 하고 있다. 심지어 틀린 말이 없다. 사기꾼이 아님이 확실하다. 빽으로 의대 들어간 사람이 아니다.

"이 정도면 김 부장님은 충분히 이해하셨으리라 생각되네요. 가슴 답답한 증상은 어떠신가요?"
"네. 아내와 대화를 많이 하고부터 없어졌어요."
"네, 가족이나 친구들과 그동안 바빠서 못했던 이야기를 충분히 하세요. 대신 솔직하셔야 합니다. 누군가 좋은 차, 좋은 집을 샀다거나 자녀가 성공했다고 자랑하면 '부럽다, 배 아프다'라고 솔직히 말하세요. 김 부장님도 남부럽지 않은 예쁜 사모님과 자녀분이 있으시잖아요. 그렇죠?"
"네, 진짜 소중한 사람은 가장 가까이 있었어요. 그걸 지금에서야 깨달았네요. 가장이랍시고 가족들의 희생과 이해를 너무 당연하게 생각한 것 같아요."
"어떠세요? 가장으로서 느끼는 책임이 여전히 무겁게 느껴지시나요?"
"전에는 그랬는데 요즘은 누가 가장인지도 모르겠어요. 집에서 제가 제일 철이 없는 것 같아요. 가장은커녕 제가 진짜 어른인가 싶을 때도 있어요. 회사 다닐 때는 단순하게 스무 살이 지나면 다 성인이지,라고 생각했는데 회사에서 나오고 보니 그것도 아닌 거 같더라고요. 오십이 넘어서야 의심이 드네요."

"모든 성인은 여전히 유아기, 청소년기의 연장선상에 있어요. 각각의 시기가 따로 떨어져 있는 게 아니라 하나의 선으로 연결되어 있어요. 어릴 때 친구를 만나면 그 시절 기분으로 돌아가는 게 다 하나의 선으로 연결되어 있기 때문이에요. 부모님에게 어릴 적 받지 못했던 인정과 공감이 성인이 되어서도 여전히 인간관계에 강하게 투사되고, 그런 부분이 같이 일하는 동료들이나 자녀에게 그대로 전달되는 경우가 많습니다. 김 부장님도 마찬가지고요."

"무슨 말씀 하시는지 이제 좀 이해가 갑니다. 회사나 집에서의 제 모습을 돌이켜보니 왜 그렇게 살아왔는지, 저의 본성이 어떤지, 제가 고쳐야 할 것들이 뭔지 조금씩 알 것 같아요."

김 부장의 눈시울이 살짝 뜨거워진다.

"네, 오늘은 여기까지 할게요. 수고하셨습니다."

2

김 부장은 자신에 대해 더 많이 알게 된 것 같다.

자신의 문제를 인정할 수 있게 되었다. 시작일 뿐이지만 말이다. 김 부장은 무엇이 잘못되었는지 차근차근 따져본다.

남과 나를 비교함으로써 나의 사회적 지위를 확인했다.
그 지위를 통해서 나와 타인의 존엄성과 가치를 판단했다.
성공의 기준을 멋대로 세워놓고 자아도취에 빠져 우월감에 젖어 있었다.

내가 갖지 못한 것을 남이 가졌을 때 용납하지 못했다.
질투심을 원망과 적대감으로 확장했다.
업무의 목적, 결과, 과정보다는 나에 대한 관심과 평판이 더 중요했다.
그로 인해 구시대적이고 편협한 아집과 선입견을 팀원과 동료들에게 강요했다.
내 감정에 솔직한 적이 한 번도 없었다.

나 스스로를 성찰해본 적도 없었다.

무엇이 진짜 중요한지 고민해보지 않았다.

나와 다른 모든 것들을 '다름'이 아닌 '틀림'이라고 규정해
왔다.

내가 이 세상의 중심이라고 생각하며 살아왔다.

3

김 부장은 병원을 나와 집에 도착했다.

이것저것 생각을 정리하다 보니 어느새 집이다. 현관문을
열자 아내가 맞아준다. 기다렸다는 듯이 아내가 조용히
이야기를 시작한다.

"아들한테 내가 잘 말했어, 상가 문제."

"응, 그래. 잘했어."

"여보, 운동도 다니고 공부하고 싶은 거 있으면 해. 하고
싶은 거 해봐. 우리 아직 젊어."

"그러게. 회사 나오면 다 끝인 줄 알았는데…… 이제 뭐라
도 해보려고. 나도 공인중개사 자격증 따볼까?"

"그래, 좋은 생각이야. 내가 도와줄게. 아들 방을 공부방으
로 써도 되겠다. 책상도 그대로 있으니까. 내가 보던 책들

도 다 거기 책장에 꽂아놨어."

김 부장은 아들 방으로 들어가본다. 침대와 책상, 옷장만
덩그러니 놓여 있다. 아들 침대에 털썩 앉는다. 매트리스
가 삐걱 소리를 내며 푹 내려앉는다.
중학생 때 사준 침대인데 아직도 쓰고 있었구나.
온기 가득했던 아들 방이 텅 빈 것을 보니 허전하다. 허전
하다기보다 공허하다고 할까. 빈 방의 공허함보다 마음의
공허함이 더 크다.

김 부장은 아들 방을 천천히 둘러본다. 책상 위에 편지가
있다. 새하얀 봉투에 담긴 편지지를 꺼낸다. 민트색 편지지
에는 아들이 손글씨로 편지를 빼곡히 써놨다.

　아빠, 저예요.
　아들은 딸이랑 달라서 좀 어색하네요. 아빠랑 아들 사이는 원
래 그런가 봐요. 저도 딸처럼 살가운 아들이 되고 싶은데 그
게 안 되네요. 그래서 그런지 글로 표현하는 게 편해요.
　아빠, 아빠 뜻대로 취업 못 해서 정말 죄송해요. 아빠가 부족
하게 공부시켜서가 아니라 제 능력이 부족해서예요.

저 뭐하냐고 누가 물어보면 유통업 한다고 말해주세요. 제가 지금은 작게 장사를 시작해서 보잘것없어 보일 수 있지만, 곧 아빠가 떳떳하게 자랑하실 만큼 성공할 거예요.

그리고 상가 얘기 엄마한테 들었어요. 제 사무실 겸 창고로 쓰기 딱 좋다고 들었어요. 정말 감사해요. 키워주시고 학비까지 대주셨는데 이렇게까지 지원해주시다니 어떻게 고마움을 표현해야 할지 모르겠어요.

그동안 앞만 보고 달려온 우리 아빠!

이제는 천천히 달리셔도 돼요. 아빠한테는 엄마와 제가 있잖아요. 아빠의 후반전 인생을, 이 아들이 응원할게요. 사랑해요.

아들의 편지를 쥔 손이 가늘게 떨린다. 김 부장은 가슴이 먹먹하다. 감정을 다스리기가 어렵다. 생각이 꼬리를 물고 이어진다.

내가 무슨 복이 있어서…… 내가 뭐가 잘났다고…… 나만 잘난 줄 알고 살아온 나에게 이런 아들과 아내가 있다니…….

나는 그동안 자식을 무엇으로 생각한 건가. 자식을 내가 돋보이기 위한 수단으로 생각한 것은 아닌가.

남들 자식보다 내 자식이 더 잘나야 한다는 강박, 남들 자녀가 좋은 대학, 좋은 회사 들어갔다는 말이 들릴 때마다 생기는 질투심, 이것도 결국은 나의 지질한 본성과 욕심 때문이 아닌가. 그래서 내 자식이 내가 원하는 대로 되기를 바란 게 아닌가.

친구들, 친척들, 동료들에게 내 자식 대기업 다닌다고 자랑하고 싶었다. 자식을 나를 위한 과시용 도구, 사회적인 체면과 자존감을 높여주는 수단으로 보았다. 이렇게 소중한 아이를 그렇게 생각해왔다니…….
딱딱한 틀에 박힌 가치관을 그간 아버지라는 권위로 강요해왔다. 얼마나 힘들었을까. 공부만이 살길, 대기업만이 살길이라는 무언의 압박을 견디느라 얼마나 힘들었을까.

아버지였지만 아버지가 아니었다는 자각에 김 부장은 마음이 쓰리다. 도리어 아들이 자신을 가르친다.
이제 아들은 어린아이가 아니다. 내 소유물도 내 아바타도 아니다. 어엿한 사회인이다. 내가 50대에 처음 맞이한 야생의 사회를 아들은 서른도 되기 전에 홀로 뛰어들어 씩씩하게 항해를 시작했다. 어쩌면 나보다 어른일 수도 있다.
내가 회사생활에 갇혀 있지 않고 자식 교육에 관여했다면 어떻게 됐을까. 이 아이는 절대 이렇게 자라지 않았을 것이다. 아마도 영혼을 상실한 제2의 김 부장이 되었겠지.

내가 이렇게 회사 밖으로 나오지 않았다면 또 어떻게 됐을까. 평생 회사 속의 김 부장으로 남아 있었을 것이고, 가족들과 여행도 한 번 못 가본 채 사무실 컴퓨터 앞에서 생을 마감했겠지.

이제는 나를 내보낸 회사에 감사하려 한다. 내가 누구인지 알 수 있도록 내 가슴을 짓누르던 코끼리에게 감사한다.

4

김 부장은 문득 시선을 느낀다.

방문을 열고 들어온 아내가 자신을 바라보고 있다. 이렇게 못난 자신과 결혼해준 아내에게 미안하다.

"당신, 나 같은 놈이랑 왜 결혼했어?"

아내가 흐뭇한 표정으로 말한다.

"자신감 있고 당당한 모습, 본인 일에 충실한 모습…… 그냥 당신이라는 사람이 좋았지. 지금도 그렇고."

"당신은 나 같은 놈이랑 그동안 어떻게 살았어? 내가 미웠던 적은 없어?"

어느새 김 부장 옆에 앉은 아내는 턱을 괴며 눈동자를 왼쪽에서 오른쪽으로 굴린다.

"왜 없었겠어…… 근데 오래전이라 기억은 잘 안 나네."

"뭔데? 말해줄 수 있어?"

"아들 태어나고 내가 직장 그만뒀잖아. 그리고 다시 다니려고 했을 때 당신이 일하지 말고 집에 있으라고 했는데, 낮에 집 안에 가만히 있으면 그냥 우울해졌어. 직장 다니는 친구들과 가끔 통화하면 부럽기도 하고. 무기력하던 게 결국 우울한 감정으로 바뀌더라. 그땐 그게 우울한 건지 몰랐어."

"잠깐만, 맥주 가지고 올게."

김 부장이 냉장고에서 맥주 두 캔을 가지고 온다.

"미안한데, 나 손톱이 짧아서 안 따지네."

아내가 생각에 잠긴 표정으로 캔을 받아들더니 차례대로 캔 뚜껑을 딴다. 치이익, 하며 맥주 거품이 올라오는 소리가 경쾌하다.

"나는 밥하고 청소하고 빨래하는 사람인가 하는 생각도

들었어. 거실에 들어오는 햇살이 좋아도 좋아 보이지 않았어. 베란다의 난간이 철창처럼 보이고, 유리창이 교도소 면회실 창문처럼 보였어. 아무 이유 없이 눈물이 뚝 떨어지기도 하고, 속으로 당신 원망 많이 하고, 몇 개월을 그렇게 보냈나 봐."

"왜 나한테 말 안 했어?"

"당신은 그때 출장에 일에 정신없었어. 아들이 잘 때 들어오고 일어나기 전에 나가서, 맨날 잠든 모습만 본다고 아쉬워했잖아."

"아…… 그랬나……."

"당신이 날 가둬놨다는 생각도 들었고 나를 집안일 하는 파출부라고 생각하는 것 같기도 했고. 너무 원망스러워서 친정엄마한테 하소연하면, 다 그렇게 사는 거라고 인생 별거 없다고 하시고."

아내는 맥주 캔만 만지작거리다가 다시 말을 시작한다.

"그렇게 우울하게 계속 시간을 보내다가 아들이 학교에서 설문조사지를 가지고 왔어. 집에 텔레비전이 있는지, 차가 있는지, 살고 있는 집이 자가, 전세, 월세인지 그런 조사를 하더라. 지금 생각하면 왜 그런 조사를 했나 몰라. 그때 우리 전세였잖아. 아들 기죽을까봐 자가에 동그라미 쳤는데, 그러고 나서 내 집 하나는 꼭 갖고 싶어졌어. 아들한테 거짓말하기도 싫었고. 그때부터 어떤 목표가 생기고 나니까 기분이 나아지더라고. 지금처럼 인터넷으로 시세를 알 수 있던 게 아니어서 여기저기 부동산 돌아다니다 보니까 바깥공기도 자연스럽게 맡게 되고, 집 보려고 여기저기 돌아다니다가 공원에서 산책도 하게 되고. 생산적인 일을 한다는 느낌에 우울한 건 점점 없어졌어. 그때 알았지. 내가 스스로 변하지 않으면 끝없는 우울함에 허우적댈 거라는 걸."

아내는 그때 생각에 목이 메는지 잠깐 말을 멈춘다.

"하루는 아들 놀라게 해주려고 죠스바, 수박바를 하나씩 사 들고 하교 시간에 맞춰서 학교 앞에서 기다리고 있는데 안 나오는 거야. 이상해서 빈 운동장을 둘러보고 교실까지 들어갔는데 아무도 없었어. 자꾸 안 좋은 생각이 들어서 미술실, 음악실 이런 데 다 가보고 교무실도 갔는데, 애들은 다 하교했다는 거야. 마음이 급해져서 다시 운동장 쪽으로 가보니 구석 잔디밭에서 아들이 쪼그리고 앉아 있더라고. 다 녹아버린 아이스크림을 바닥에 내던지고 뛰어가서 '너 여기서 뭐해!'라고 소리를 질렀어."

김 부장은 처음 듣는 이야기다.
"아들은 깜짝 놀라면서 고개를 내 쪽으로 돌리고 '이거 보고 있었어요'라고 하더라. 개미들이 자기 몸의 세 배나 되어 보이는 빵 조각을 한 덩이씩 들고 운반하고 있는 거야. 그게 재미있어서 계속 보고 있었던 거지. 내가 봐도 신기한 광경인데 아들에게는 얼마나 흥미로웠겠어. 앞뒤 모르고 소리부터 지른 게 너무 너무 미안하더라고."

아내는 고백하듯이 말을 잇는다.
"그날 저녁에 왜 아들에게 그렇게 화가 났을까 생각해봤어. 아들이 누군가에게 납치됐을 것 같다는 불안감을 표출한 것인지, 날 걱정시킨 아들에게 화풀이를 한 건지 계속 생각해봤어. 그런데 둘 다 아니더라. 나는 학교 앞에서 아이스크림 들고 기다리는 좋은 엄마가 되고 싶었는데, 좋은 엄마가 될 기회를 날려버린 것에 대한 억울함이랄까. 그게 제일 크더라고. 결국 아들을 위해서가 아니라 '좋은 엄마', '아들과 아이스크림 먹으며 같이 하교하는 최고의 엄마'가 되길 원한 나를 위한 거였어."

5

김 부장은 속으로 뜨끔하다.

이제서야 깨달은 자신보다 한참 먼저 스스로를 성찰하고 고민했던 아내가 대단해 보인다. 그동안 자신은 아내를 몰라도 한참 몰랐던 것 같다.

"그날 이후로 내가 부족한 엄마라는 것을 알았어. 그래서 육아책도 찾아보고 자녀와의 관계에 관한 책도 많이 봤어. 도움이 많이 되더라. 그러다 보니 어느 새 심리학, 철학 책들까지 보게 됐고."

아내가 김 부장을 다정하게 바라본다.

"그렇게 서점에서 책을 읽고 있는데 문득, 나에게 시간적 자유를 준 당신이 고맙더라. 당신은 회사에서 힘들게 일하고 있을 텐데 나는 여유롭게 책 읽고 있고……. 나도 내가 하는 일에 의미를 찾고 더 좋은 방향으로 만들어야겠다는 생각을 하게 됐어. 당신이 예전에 아들이 게임하고 있다고 컴퓨터 선을 가위로 자르고 디스켓까지 다 버렸던 거 기억 나?"

"어……."

김 부장은 자신의 과거가 부끄럽다. 시선을 어디에 둬야 할지 몰라, 괜히 눈만 굴린다.

"그 일이 있고 나서 아들이 진짜 많이 울었어. 종일 공부하다가 그때 잠깐 게임한 건데 마침 그 모습을 당신이 본거거든. 그 뒤로 나는 이 아이의 울타리 같은 안식처가 되어야겠다고 생각했어. 마구간의 말들도 위협을 느끼면 난폭해지잖아. 사람도 그래. 조이면 조일수록 더 튀어나가려고 하는 법이고. 집은 물리적 안식처, 나는 정신적 안식처. 내가 당신과 싸우는 모습도 아들한테 보여주기 싫었어. 그러면 집도 나도 아들의 안식처가 되어줄 수 없으니까……."

"그랬구나. 난 전혀 몰랐네……."

"그리고 결혼생활에 대해서도 많이 생각, 아니 공부가 되었달까? 결혼이라는 게 처음에는 반반 맞춰서 하나가 되는 거라고 생각했거든. 당신한테 기대하는 게 많았고 그걸 채우지 못하니 나날이 우울하고 불행하다고 느꼈는데 그게 아니더라. 상대한테 기대하는 게 오히려 이기적인 거야. 기대를 안 한다고 해서 덜 사랑하는 것도 아니고. 서로한테 많은 것을 바라는 결혼은 결국 실망과 부담으로 이어지는 거야."

아내는 맥주를 한 모금 마신다.

"결혼을 하면 상대방의 모든 것을 끌어안으면서 완전히 하나가 되어야 하는 줄 알았는데, 독립적이고 개인적인 상대방을 존중해야 더 결속력이 생기더라. 말로 설명이 쉽지가 않네. 당신이 회사에서 늦게 돌아와도 내가 별 말 안 했지?"

"어."

"내가 만일 빨리 들어오라고 닦달했으면 당신은 집에 들어오기 싫었을 거야. 구박하는 마누라가 집에 있는 것보다 당신을 알아주는 사람이 기다리고 있다고 만들어주고 싶었어."

"그랬구나……."

"또, 당신이 나 일 못하게 했을 때 처음에는 너무 미웠는데, 한편으로는 당신도 피해자라는 생각이 들더라. 우리 세대는 어쨌거나 남자는 가족의 생계를 책임지고, 여자는 집안일을 책임지고, 나이가 곧 계급이고, 이런 전통적인 틀 안에 갇혀 살아왔잖아. 지금 세상은 그 구닥다리 틀을 통째로 흔들고 있고. 당신처럼 자존심 센 사람들이 어떻게 든 그 틀을 붙들고 있는 모습이 가끔은 불쌍해 보이기도 했어."

그랬다. 내가 잘난 척하면서 가장이랍시고 회사일에 매여 있는 동안 나는 아내 손바닥 위에 있었다.

아내가 나보다 나에 대해 더 잘 알고 있었다.

세상일에 대해 아무것도 모르고 집안일만 하는 마누라가 아니라 공자, 노자, 제갈공명…… 아무튼 그런 사람이었다.

창피하다.

우리집 서열은 아내가 1등, 아들이 2등, 내가 3등이다.

15도, 45도, 90도

1

핸드폰이 울린다.

큰형이다.

"어, 큰형. 어쩐 일이야?"

"너네 회사 구조조정 크게 했다고 신문에 난 거 봤어. 넌 괜찮냐?"

"어……. 나는 그 전에 나왔어. 다른 일 해보려고……."

"다른 일 뭐 하게? 평생 회사원만 한 놈이. 우리 가게 와서 일 좀 배워볼래? 생각해봐."

나보고… 카센터에서 일하라고? 차 밑에 기어 들어가고 기름 묻히고…….

차에 대해서 잘 알지도 못하는데…….

전화를 끊은 김 부장은 아내를 보며 말한다.

"큰형이 자기 카센터 와서 일해보라는데?"

"가봐. 가보고 아니다 싶으면 안 하면 되지. 공인중개사 시험 날짜도 아직 좀 남았으니까 오전에만 한다든지, 알바식으로 해도 되는지 물어보고."

"그럴까……? 이력서 뿌렸던 데서는 연락이 하나도 안 왔어. 하긴, 이 나이에 어느 회사에서 써주겠어……."

대기업 부장 출신이 카센터라니……. 공인중개사가 더 낫다. 하지만 지금 이것저것 가릴 때가 아니다. 그래도 아무 벌이가 없는 것보다는…… 뭐라도 해서 대출 이자를 내야 한다.

다음 날 아침, 김 부장은 큰형의 카센터로 출근한다.

"어, 왔어?"

"무슨 일 해야 돼?"

"저기 찌그러진 차 있지? 저거 가서 펴. 애들한테 배워."

큰형은 예전이나 지금이나 변한 게 없다. 배려가 없다.

"농담이고, 이쪽으로 와봐. 부품 들어오고 나가는 거 확인하면서 재고관리 하는 거야. 넌 대기업 다녔으니까 엑셀도 잘 할 거 아니야. 작은 카센터지만 네가 배운 기술들 한 번 써봐."

다행히 기름 묻히는 일은 아니다.

일이 끝나고 큰형은 김 부장에게 같이 저녁을 먹자고 한다. 근처에 단골 식당이 있는 건지 따로 묻지도 않고 바로 움직인다. 김치찌개를 주문하고 소주를 한 병 시킨다. 큰형은 보글보글 끓는 찌개를 덜어 김 부장에게 건네며 묻는다.

"제수씨 공인중개사 땄다며?"

"어, 어떻게 알아?

"와이프하고 제수씨하고 가끔 통화해."

"아……."

"너도 공인중개사 그거 따봐. 합격할 때까지 여기서 일하고. 집에만 있으면 눈치 보이잖아. 나도 집에 며칠 있어 봤는데 온몸이 쑤시더라. 빨리 늙는 것 같고."

"어. 안 그래도 공부하고 있어."

"그리고 말이야……."

큰형은 말을 머뭇거린다.

"그때 네 귤 훔쳐 먹어서 미안하다."

"응?"

"그때, 자식아. 네가 쓰레기통 뒤져서 귤 껍질 방바닥에 쭉

펴놨잖아. 그때 들켜서 엄청 창피했어. 그래서 손부터 나
간 거야."

김 부장은 들었던 숟가락을 멈추고 큰형을 쳐다본다.

큰형도 기억하고 있었다.

나만 기억하고 있는 줄 알았는데 기억이라도 해주니 고맙다.

"그리고 말이야…… 너 어릴 때 부반장 한 적 있잖아."

"어? 어……."

"그때 어머니가 너네 반에 돌리려고 떡 맞추셨거든. 그런
데 할아버지가 그 다음 날 돌아가셔서 급하게 그 떡을 제
사상에 쓰셨어. 너한테는 말 안했지?"

"……응."

"어머니는 내가 반장 됐을 때만 떡을 돌리셨어. 부반장 됐
을 때는 안 돌리셨고. 근데 네가 부반장 됐을 때는 막내라
서 그런 건지, 네가 처음이라 그런 건지 떡을 준비하시더
라고."

"어……."

"우리 집 가난했잖아. 엄마도 네 친구들한테 돌릴 떡을 제
사상에 쓰겠다고는 차마 말 못하셨나봐. 네가 더 상처받을
까봐."

"아……."

"지금에서야 얘기하는 거야. 너무 오래전 일이긴 하지만. 야, 그리고 그동안 네가 좀 바빴냐? 이제 아들하고 제수씨하고 여행도 가고, 시간도 보내고 해."

"어, 어……."

"네 아들이 전에 우리 집 왔을 때 우리 애들 여행사진 보고 엄청 부러워하더라. 혹시 경비 필요하면 내가 좀 보태 줄게. 그때 귤값이라 생각해."

"어……."

김 부장은 과거에 대한 증오랄까 미움이랄까, 그동안 품고 있던 마음속 응어리들이 풀린다. 배수구에 얽힌 머리카락처럼 꽉 막혔던 것들이 제거되는 느낌이다.

내가 이 사실을 일찍 알았다면 달랐을까?

그때 형이 사과했고, 어머니가 나를 위해 떡을 맞췄던 것을 알았다면 나는 덜 억울했을까?

지금처럼 다른 사람들에게 인정받고 모두가 경쟁 상대라고 생각하지 않으면서 살 수 있었을까?

글쎄, 그건 모르는 일이지.

이번에도 남 탓하기는 싫다.

여기서도 김 부장의 호칭은 '김 부장'이다.

큰형부터 직원들까지 모두 김 부장이라고 부른다. 큰형은 김 사장. 나는 김 부장.

마음이 편하다. 가족회사 같다.

카센터에서 며칠을 일하다 보니 금방 익숙해져서 부품 재고와 주문 내역 정리는 오전 한 시간이면 끝난다. 타이어 교체하는 것 정도는 할 수 있을 것 같다. 몸으로 하는 일이라면 치를 떨던 김 부장도 환경이 바뀌니 마음도 바뀐다. 다들 몸으로 뛰는데 혼자만 컴퓨터 앞에 앉아 있으니 외톨이가 된 기분이다.

김 부장의 핸드폰이 울린다. 송 과장이다.

송 과장이, 갑자기, 왜?

"여보세요?"

"안녕하세요, 김 부장님. 오랜만에 연락드립니다."

"어, 송 과장. 어쩐 일이야, 잘 지냈어?"

"네, 어떻게 지내세요?"

"어, 뭐 그냥 잘 살고 있지."

"궁금한 게 있어서 연락드렸는데요. 부장님 아직 그 아파트 살고 계시죠??

"어, 아직 살지."

"혹시 리모델링 사업 조합 결성되었나요?"

"아내 말로는 조만간 할 것 같다고 하던데……."

"네, 알겠습니다. 조합이 언제 설립되나 궁금해서요. 부장님 혹시 회사 소식 궁금하시면 언제든지 연락 주세요."

"어, 그래. 송 과장도 잘 지내고."

"네, 부장님. 감사합니다."

김 부장은 꺼진 핸드폰 화면을 바라본다.

갑자기 송 과장이 자신의 아파트에 왜 관심을 갖는 거지? 궁금하다.

차가 한 대 들어온다. 타이어 점검하고 교체하는 건이다.

"잠깐만, 내가 해볼게."

"김 부장님이요?"

"어, 이거 누르면 돼?"

"네, 여기에다 끼우시고 누르면 돼요."

따라라라락.

타이어에 박혀 있는 볼트가 풀린다. 투박하지만 기분 좋은 진동이 손을 타고 들어온다.

따라락 따라락.

바퀴 네 짝 볼트를 모두 뺀다.

"김 부장님 잘하시네요!"

김 부장은 생각보다 할 만하다고 생각한다. 어깨너머로 배운다는 게 이런 건가 보다.

"재밌네. 쉬운 건 내가 해볼게. 가르쳐줘."

"네, 김 부장님."

같이 있는 직원이 친절히 가르쳐준다.

회사에서는 왜 후배들에게 물어보는 게 싫었을까. 이렇게나 별거 아니었던 일을.

그렇게 김 부장은 카센터의 기초작업을 배운다.

3

김 부장이 점점 카센터 일에 적응해가던 어느 날 형이 부른다.

"차 수리 다 끝나고 나면 별도로 세차비 받는 거 알지? 저기 자투리 공간이 있는데, 너 손세차 한 번 안 해볼래?"

"세차?"

"그래, 네가 세차장 운영해봐. 사업자 따로 내고. 이 지역에 유동 차량이 은근히 많고 셀프 세차하기 귀찮아 하는 사람들도 많아. 셀프 세차장이 주변에 없기도 하고."

"생각해볼게."

"그래, 세차용품은 이미 다 있어. 그냥 패널로 세차장처럼 꾸미고 대기실만 만들면 바로 할 수 있어."

인생이 이렇게 흘러가나.

내가 형의 제안을 수락한다면 나는 세차장 주인이 되고,

평생 세차를 하게 될 것이다.

그래, 나 혼자 결정하지 말자.

아내한테 물어보자.

김 부장은 집에 오자마자 아내한테 묻는다.

15도, 45도, 90도

"형이 카센터 옆에 자리 남는다고, 세차장 해보라는
데…… 어떨까?"

"고압수로 쏘는 거 말하는 거지?"

"어, 맞아."

"몸을 많이 쓰는 일인데 괜찮겠어? 당신 체력 꽝이잖아. 하
하하."

"아니야, 요새 타이어도 갈고 나 좀 해. 늘었어."

"오…… 그래? 해봐. 안 해보고 후회하는 것보다 해보고
후회하는 게 낫지."

"고민도 없이 해보라고 하네?"

"무슨 고민이 필요해. 형이 당신 일자리 하나 만들어준 건
데. 복도 많아요."

아내의 긍정적인 반응을 얻은 김 부장은 더 이상 망설이
지 않는다. 아침에 출근하자마자 큰형에게 간다.

"형, 한 번 해볼게. 세차장."

"잘 생각했어. 혼자 하면 시간 오래 걸리니까 처음에는 여
기 직원들 몇 명 붙여줄게. 그러다 장사가 좀 되면 네가 직
접 사람을 고용해서 해보는 거야."

"그럴게."

"그동안 수리 끝나고 출고하는 차들로 세차 연습부터 하자. 약품 같은 거 잘 쓰고 구석진 곳 잘 닦는 게 포인트야."

김 부장은 오늘부터 세차를 시작한다. 고압수에 몸이 튕겨져 나갈 것 같지만, 강력한 물줄기가 주는 쾌감이 있다. 얼룩들과 먼지들이 씻겨 내려가는 게 너무나도 시원하다. 혹시 이 일이 나의 천직인가.

샌드위치 패널로 지붕을 만들고, 대기실도 만들어서 정수기도 들여놓고 비품들을 산다. 회사에서는 아무렇지 않게 마시던 믹스커피를 내 돈 주고 사려니 너무 아깝다.
카누만 먹었는데.
이왕 사는 거 카누 살까, 맥심 살까…….
일단 맥심을 사자.
그럴듯하게 외관을 완성하는 동안 김 부장은 세차 노하우를 익힌다. 고압수를 두 손으로 잡아야만 했는데, 익숙해지니 한 손으로도 컨트롤이 가능해졌다.

　명품달인 손세차

간판도 그럴듯하게 달았다.

4

드디어 첫 번째 손님이 들어온다.

초록색 번호판이 달린 낡은 차가 들어온다.

"어서 오세요."

15도 각도로 인사하며 김 부장은 생각한다.

저런 똥차 세차해봤자 티도 안 날 텐데.

나 같으면 그냥 기계세차 하겠다. 뭐 하러 돈 주고 손세차를 해?

사람은 쉽게 변하지 않는다. 오십 년 넘게 뿌리 박혀 있던 권위의식과 계층의식은 쉽게 뽑히지 않는다.

겉은 낡았는데 내부는 깨끗하다. 딱히 할 게 없다. 대충 물 뿌리고 비누칠 하고 슬슬 문지른다.

형이 멀리서 바라보다가 다가와서 말한다

"너 애무하냐?"

"어?"

"너 지금 이거 썩은 차라고 대충 하는 거지?"

딱 걸렸다. 어떻게 알았지.

"너 만약에 저 사람이 재벌이면, 이렇게 대충 할 거야?"

"에이, 재벌이 무슨 이런 차를 타."

"야, 이 자식, 큰일 날 소리하네. 재벌이건 아니건 고객은 다 고객이야. 차가 똥차나 슈퍼카나 다 같은 차라고. 네 멋대로 등급 나누지 마. 장사할 때는 네 자존심, 체면, 편견은 집에다 두고, 퇴근하고 가서 찾아. 알겠냐?"

"어……."

다음 차가 온다.

"어서 오십쇼!"

외제차다. 45도로 인사한다. 삼십 대 중반으로 보이는, 팔에 문신이 가득한 통통한 남자다. 흰 구두를 신고, 한쪽 손에는 클러치를 들고 내린다. 허벅지는 굉장히 두꺼운데 발목은 심하게 얇다. 저 가녀린 발목이 저 몸을 얼마나 지탱해줄지 의문이다.

김 부장은 세차 위치에 맞게 차를 다시 댄다. 어렵지 않은 일이다. 그런데 김 부장 바지에 묻어 있던 검은 기름이 베이지색 시트에 묻는다.

으악!

세차를 시작하지도 않았는데 가죽 시트에 기름이 묻었다!

손님이 차에 뭘 두고 내렸는지 이쪽으로 온다.

아, 어떡하지. 오지 마! 정지! 정지!

"뭐야, 이거!"

시트에 묻은 기름을 발견한 손님의 언성이 높아진다.

"아…… 죄송합니다."

"이거 어떡할 거야!"

"죄, 죄송합니다."

김 부장은 당황해서 죄송하다는 말만 반복한다.

큰 소리를 들은 형이 달려온다.

"무슨 일이야?"

"모르고 시트에 기름을 묻혔어……."

큰형이 비품 창고로 뛰어가 가죽 클리너와 헝겊을 가지고
온다. 가죽에 약품을 뿌리고 헝겊으로 살살 문지른다. 잘
안 지워진다.

"형, 빡빡 문질러야 되는 거 아니야?"

지켜보던 김 부장이 손님의 눈치를 살피며 소리 죽여 묻는다.

"너무 세게 하면 가죽 색이 하얗게 변해. 살살 오래 문질러야 돼. 넌 가서 헝겊 새 걸로 가져와."

형이 땀을 뻘뻘 흘리며 여러 가지 약품을 섞어가며 기름때를 지운다. 작업복의 등 부분이 금세 땀에 젖었다. 다행히 지워진다.

깨끗하게 기름때를 지운 후 큰형이 손님에게 말한다.

"고객님, 정말 죄송합니다."

90도로 세 번은 인사한 것 같다.

"아오, 씨……."

손님은 다시 대기실로 들어간다. 큰형은 카센터 일을 제쳐두고 김 부장과 차를 닦는다. 평소보다 더 꼼꼼하게 세차한다.

"다 끝났습니다, 고객님."

"얼마죠?"

"오늘 저희가 실수했으니 만 원만 받겠습니다. 정말 죄송합니다."

부아아아앙, 요란한 소리를 내며 차가 떠난다. 그 모습을 끝까지 지켜보던 큰형이 김 부장에게 말한다.

"앞으로는 조심해. 요즘에는 밝은색 시트가 많아서 항상 비닐이나 종이를 깔고 타야 돼."

"어……."

큰형은 그렇게 살아왔다. 장사하는 사람들은 다 남 등쳐먹고 사기 치는 줄 알았는데, 허리가 부서져라 굽혀가며 인사하고, 사죄하고, 일하면서 기계처럼 미소 짓는다. 김 부장은 그런 형의 모습에 적잖은 깨우침이 있다.

"형, 괜찮아? 미안해."

"야, 뭐 이정도 가지고 그래. 저 정도면 양반이야. 소리 지르고 차 값 물어내라 하고 물건 던지고 발로 차고 별별 사람들이 다 있어. 그래도 만 원 받았잖아. 약품 값 받았으니 본전이지 뭐. 남의 돈 가져오는 게 쉬운 줄 알아? 네가 다니던 회사 안에서는 상식 선의 사람들이 많았을 거야. 나도 대기업 다니던 친구들한테 들어서 알아. 근데 그 멀쩡한 사람들도 밖에만 나오면 자기보다 못하다고 생각하는 사람 앞에서는 변하더라고. 참 이상해."

김 부장이 그랬다. 자기 기준에 자신보다 못한 직업을 가졌거나 별볼일없어 보이는 사람들에게는 저도 모르게 우월감이 들었고, 저절로 태도가 권위적으로 되었다. 막말을 하기도 했다. 회사 안에서와는 다른 태도였다. 최소한의 예의도 차리지 않았다.

이제는 김 부장 본인이 그 막말을 견딜 차례다.

다음 차가 들어온다. 김 부장의 그랜저보다 저렴한 차다.

"어서 오십쇼! 최선을 다하겠습니다!"

김 부장은 90도로 인사한다. 한 번 호되게 당하니 최선을 다하겠다는 말이 절로 나온다.

일은 끊이지 않았다. 몇 대를 연달아 세차하고 쉬고 있으려니 큰형이 말을 건다.

"힘드냐?"

"어. 오랜만에 몸 쓰니까 쉽지 않네."

"하다 보면 익숙해져. 나도 아직까지 타이어 들었다 내렸다 하잖아."

큰형은 김 부장이 안쓰러운지, 계속 안색을 살피며 신경을 써준다.

"뭐 마실래?"

"내가 사올게."

김 부장은 큰형의 마음 씀씀이가 느껴져 먼저 일어나 카센터 맞은편 편의점으로 간다. 옥수수 수염차 두 개를 산다.

김 부장은 형과 나란히 앉아 차가운 옥수수 수염차를 들이켠다. 얼마 전까지만 해도 정장에 비싼 시계를 차고 넥타이에 구두를 신고 흠집이라도 날까 애지중지하던 가방을 끼고 마시던 옥수수 수염차를 지금은 땀에 푹 절은 작업복 차림으로 마신다.

껍데기뿐이었던 그때와 껍데기를 버리려는 지금의 김 부장은 다르다. 아니, 달라지려고 한다.

단숨에 옥수수 수염차 한 병을 비운 형이 말한다.

"세차할 때 시간에 쫓기지 마. 그러면 이도 저도 안 돼. 진짜 바쁜 사람이 아닌 이상, 네가 열심히 하는 모습을 보면 시간이 조금 길어져도 싫은 소리 안 해. 오히려 더 감동해. 그러면 믿고 맡길 수 있는 집이라 생각하고 다음에 또 오게 되어 있어. 그렇게 단골을 만드는 거야. 자기 친구들, 지인들도 데리고 오고, 입소문이 나면 그 다음부터는 잘될 수밖에 없어. 손님들한테도 다 보여. 행동에서 보이는 진심은 모를 수가 없어."

김 부장은 고개를 끄덕인다. 큰형의 말이 가슴에 와 박힌다.

5

차 한 대가 또 들어온다.

이번에도 낡은 차다. 놈팽이다. 건물주가 저런 차를 타다니, 김 부장은 새삼 놀란다. 얼마 전에 세차장 오픈한다고 연락했더니 찾아왔다. 다른 친구들에게는 차마 연락하지 못했다. 아직 시간이 필요하다.

"어이, 김 부장! 세차 부탁해!"

"오셨습니까, 놈팽이님!"

"족발집에서 볼 때보다 얼굴이 좋아졌네."

"대기실에 앉아 계시지요, 놈팽이님."

세차가 끝나고 놈팽이와 함께 맞은편 편의점으로 간다.

"배고프다. 이 앞에 한식 뷔페가 있었는데 얼마 전에 문을 닫았어. 내가 맨날 접시에 제육볶음 산더미처럼 쌓아 먹어서 망했나……. 암튼 그래서 이 근처 먹을 데가 없어. 여기서 대충 먹자."

여기까지 와준 놈팽이에게 미안한 마음에 김 부장은 말이 길어진다.

"어, 상관없어."

놈팽이와 김 부장은 삼각김밥과 두유를 산다. 삼각김밥 포장 겉면에 친절하게 뜯는 순서가 번호로 표시되어 있는데도, 김 부장은 항상 대충 뜯어서 밥과 김이 분리된다. 가장 싫은 건 김이 비닐 안에서 찢어져서 못 먹게 되는 것이다.

"세차 일 해보니까 어때?"

삼각김밥을 제대로 뜯어서 우물우물 먹던 놈팽이가 묻는다.

"관절 마디마디가 떨어져 나가는 기분이야. 이럴 줄 알았으면 생각 좀 하고 결정할 걸."

"생각? 생각이야, 걱정이야? 그런 상황에서 네가 할 수 있는 건 생각이 아니라 걱정이야. 쓸데없는 걱정. 처음이라 그래. 나도 처음 인테리어 할 때 죽는 줄 알았어."

"네가 무슨 인테리어를 해?"

"세입자 들어오는데 도배랑 페인트칠을 생돈 주고 하는 게 아까워서 내가 직접 했어. 온몸에 페인트, 본드 냄새가 범

벅이 되어서……. 아으, 지금은 돈 줘도 못하겠다."

놈팽이 카톡 사진에 있던 페인트, 그거였다.

"남들은 나더러 건물주라고 하는데…… 내가 말했잖아, 콜센터라고. 그런데 예전 건물에서는 내가 직접 마루 구멍 난 거 메꾸고, 화장실 변기 바꿔주고, 보일러 수리도 배워서 고쳤어. 도배랑 페인트칠은 기본이고. 의자 위에서 도배지 붙이다가 넘어져서 병원도 다녔었어."

"그랬구나. 고생 많이 했네."

건물주의 삶도, 회사원의 삶도, 세차장 주인의 삶도 크게 다르지 않았다.

"지원한 중소기업에서는 연락 없는 거야?"

"어. 나 같은 늙다리를 누가 받아주겠냐?"

"내가 봤을 땐 네 나이가 많아서가 아니야. 그 분야에 전문성과 노하우가 있으면 나이와 상관없이 여기저기서 모셔가. 네가 만약에 회계사, 노무사, 전기기사 같은 자격증만 있어도 어디라도 들어갔지. 또 연구소나 공장 사람들은 제품에 대한 지식이라도 있잖아. 근데 너 같은 양복쟁이들은 대체할 수 있는 사람이 너무나 많아. 진짜 영업의 달인이나 마케팅의 신으로 그 바닥에서 소문나지 않는 한, 쉽지 않아."

"그런가? 하아⋯⋯."

한숨이 나온다.

"근데, 광택도 하냐?"

"아니, 그냥 세차만. 광택 약품을 뿌리긴 해."

"너네 형이 일부러 힘든 일 시킨 건가?"

"옆에 빈 자리 남는다고 시킨 거야."

"내가 봤을 때는 네가 하도 네 잘난 맛에 살아서 쓴맛 좀 느껴보라고 시킨 것 같은데? 하하하하하."

"뭐야, 이 자식아?"

"힘든 것 좀 해봐야 다음에 다른 일 할 때 수월할 거 아니야. 그나저나 세차장 차린 거에 대한 후회는 없어?"

"아, 몰라. 불러주는 데 없고, 집에 있으니 좀이 쑤시고, 눈치도 보이니까 이거라도 해야지. 별 수 있나?"

놈팽이가 따가운 햇볕에 미간을 찌푸리며 말한다.

"인생은 '짜장면이냐 짬뽕이냐' 선택의 연속이야. 너 출근할 때 생각해봐. 에스컬레이터에서 걸어 내려갈까, 그냥 서 있을까 고민하지. 저 멀리 지하철이 들어오고 있으면 뛸까, 그냥 다음 거 탈까 고민하잖아. 뛰어가서 탔는데 사람이 많아. 그러면 다음 차 탈 걸, 그러지. 다음 차에는 사람이 더 많을 수도 있는데 말이야. 자, 열차에 탔어. 좌석이 하나 남았는데 옆좌석에 덩치 큰 남자가 있어. 좁아도 앉아 갈까, 그냥 서서 갈까 고민하지. 만약에 앉았는데 옆의 덩치남 때문에 불편해. 그러면 그냥 서서 갈 걸, 그런 생각들 거 아니야? 반대로 서 있는 게 낫다고 생각해서 그냥 서 있었어. 그런데 사람들이 많아지고 점점 다리가 아파지면 그냥 불편해도 앉아서 갈 걸, 할 거 아니야. 모든 선택에는 후회가 따르기 마련인데 애초에 그 후회를 할 필요가 없어. 아무도 답을 모르거든."

"요즘 짬짜면 한 그릇에 나오잖아."
김 부장은 괜히 한 번 딴지를 걸어본다. 놈팽이가 너무 바른 말만 하는 것 같다.
"무슨 헛소리야? 한 그릇이라도 중간에 칸막이로 막혀 있잖아. 너는 짜장면을 짬뽕이랑 섞어 먹냐? 아, 짜파구리는 섞어 먹네…… 하여튼 인마."

둘은 두유를 쪽쪽 빨아마신다.

"김 부장, 너는 진짜 운도 좋다. 무슨 복이냐, 너는?"

"내가 운은 무슨 운. 회사 잘리고 사기당하고 이러고 있는데."

"사기당한 상가는 아들이 잘 쓰고 있지. 너 잘릴 때쯤 와이프는 공인중개사 자격증 따서 일하고 있지. 형이 일해보라고 이렇게 일자리 만들어주지. 전생에 이순신이었나 보네. 그리고 제수씨 엄청 착하고 똑똑하고, 아들도 자기 앞가림 다 하잖아. 그거면 된 거야. 뭘 더 바라는데?

"그런가?"

놈팽이는 다 먹은 두유갑을 쓰레기통에 툭 던지더니 일어난다.

"나 간다. 고생해라."

"어, 조심히 가라."

"아, 그리고 내 차 같은 똥차 무시하지 마. 혹시나 해서 말하는 거야."

김 부장은 뜨끔하다. 다들 김 부장 자신보다 김 부장을 더 잘 아는 것 같다.

안녕히 가십쇼!

1

김 부장은 오늘도 깍듯이 인사를 한다.

김 부장은 오늘도 차에 고압수를 쏜다.

김 부장은 오늘도 비누칠을 한다.

김 부장은 오늘도 마른 수건으로 물기를 닦아낸다.

김 부장은 이제야 알 것 같다. 수입차든 국산차든 다 같은 자동차다. 성별, 직업, 나이, 학벌, 소득 상관없이 다 같은 존엄한 가치를 가진 사람이자 고객이다. 자존심과 오만함이 혹시나 남아 있다면 출근하기 전 현관 앞 소화전 안에 두고 온다.

일은 적성이 아니라 적응이라고 했던가.

인생 참 모르는 거다. 인생에는 정답이 없다.

운명?

운명도 결국 내가 선택하는 것이다.

모든 선택은 내가 하는 것이고 그 선택에 대한 책임은 나에게 있다.

인생 전반전에서는 찾지 못했던 진짜 나의 모습, 스스로 내면에 쌓아온 쓰레기들, 이제는 이 고압수로 다 허물어버리고 싶다.

이 비눗물로 다 씻어버리고 싶다.

외부에서 찾아온 인생의 가치를 내 안에서 찾고 싶다.

내가 집착하던 시계, 가방, 정장, 넥타이, 구두, 그 외에 다른 것들은 모두 껍데기였다.

내가 그것들을 소유하고 있던 게 아니라, 그것들이 나를 소유하고 있었다.

이미 내가 던진 야구공에는 미련을 둘 필요가 없다.

다음에 던질 공에 집중하면 된다.

지금 실패했다는 생각이 들더라도 현재에 실패한 것이지

미래에까지 실패한 것은 아니다. 내 인생 전체가 실패한 것
도 아니다.

오십 중반을 넘어 예순이 다 되어서야 알겠다.
공부 잘해서 좋은 대학 가고, 결혼해서 아이를 낳고, 아이
가 커서 좋은 대학 가고 대기업 다니고, 남들보다 좋은 집
살고 좋은 차 타면서, 최종적으로 내가 임원 되는 게 인생
의 답이라고 생각했다. 하지만 그건 내가 정한 답이 아니
었다. 남들이, 아니 어쩌면 허울뿐이던 나의 또 다른 자아
가 세워놓은 규정을 그저 따라가려 했던 것뿐이다.

남들이 가졌다고 나도 다 가져야 할 필요가 없다.
남들이 써놓은 성공 방정식을 내가 풀 필요가 없다.
그저 나 스스로에게 솔직하고 떳떳하고 당당하게, 사랑하
는 사람들과 한 걸음씩 걸어가는 것. 그게 진정한 의미의
인생이다.

"안녕히 가십쇼!"

2

김 부장은 녹초가 되어 집에 도착한다.

늘 생기 넘치던 아내도 오늘은 지쳐 보인다.

"고생했어. 나도 오늘은 머리가 좀 아프네."

그동안 힘들단 말 한 마디 없던 아내였는데, 김 부장은 문
득 걱정이 되어 묻는다.

"왜? 무슨 일 있었어?"

"계약하기로 한 매수자, 매도자를 만났는데 둘이 연락처
를 주고받더니 직거래를 했더라고. 나딴엔 열심히 했는데
그렇게 되니까 힘이 좀 빠지네……."

"그런 일들이 많아?"

"많지. 별 희한한 일들이 너무 많아. 다른 부동산에서 물
건 채 가는 건 아무것도 아니야. 그야말로 전쟁터야. 전화
도 하루에 수십 통씩 오는데 실제로 찾아오는 사람은 거
의 없다고 보면 돼. 무슨 콜센터도 아니고……."

김 부장은 놈팽이 말이 생각난다. 놈팽이도 자기가 콜센터
라고 했는데, 아내 입에서도 같은 말이 나온다.

그랬다. 건물주든, 공인중개사든, 세차장 주인이든, 카센터

사장이든 세상에 쉬운 건 없다. 자기가 하는 일이 가장 힘들 수밖에 없다. 인간은 그렇게 생각하도록 만들어졌다.

"그나저나 나 이제 부동산이 어떻게 돌아가는지 알 것 같아. 계약서 쓰고 매물 정리하고 홍보도 하고 많이 배웠어. 그래서 부동산중개소를 아예 차려볼까 하는데 어떨까?"
아내가 조심스럽게 김 부장에게 묻는다.
"그럼 도전해봐. 당신이라면 잘 할 수 있어."
"정말? 왔다 갔다 하면서 봐둔 자리도 있어. 위치가 꽤 좋아."
"그래, 당신이 자주 지나다니던 곳이면 좋겠지."
김 부장은 이렇게 자기 일을 찾은 아내가 자랑스럽다.

아내는 일단 결정하고 나니 빠르게 일을 진행시킨다. 알아본 자리를 계약하고, 사업자등록도 마친다. 일사천리다. 간판도 달고, 손님들도 소개받는다. 개업한 지 며칠 지나지 않아서 중개도 몇 건씩 들어온다.

책임중개

성실상담

부동산 공인중개소 개업 후 일주일이 지났다.

김 부장이 퇴근 길에 아내의 가게에 들른다. 축하 화분이 여기 저기 늘어서 있어서 막 개업한 티가 난다. 모니터를 들여다보고 있던 아내가 김 부장을 발견하고는 기쁜 표정을 짓는다.

"여보, 드디어 첫 계약! 벌써 한 건 했어!"

"잘했어. 당신 정말 대단해!"

"계약할 사람들 금방 오기로 했어. 그런데 집 내부는 안 봐도 상관없대. 요즘 사람들은 집 볼 시간도 없나봐?"

김 부장에게 커피를 내온 아내가 긴장이 되는지 자꾸 시계를 쳐다본다.

"괜찮아, 여보. 잘될 거야. 하던 대로만 해."

김 부장은 아내가 자신한테 했던 것처럼 아내를 다독인다.

문이 열린다. 아내가 일어나서 밝게 인사한다.

"어서 오세요."

"안녕하세요? 오늘 월세 계약하기로 한 사람인데요."

들어오는 손님을 본 김 부장의 눈이 커진다.

"어! 자네가…… 여기 어쩐 일이야?"

"김 부장님!"

정 대리다. 회사에 중고 외제차를 타고 다니던 정 대리가 문을 열고 들어온다.

2권에 계속됩니다.

서울 자가에 대기업 다니는 김 부장 이야기
1. 김 부장 편

초판 1쇄 발행　2021년 8월 25일
초판 60쇄 발행　2024년 8월 22일

지은이 송희구

책임편집 이정아
마케팅 이주형
경영지원 홍성택, 강신우, 이윤재
제작 357제작소

펴낸이 이정아
펴낸곳 (주)서삼독
출판신고 2023년 10월 25일 제 2023-000261호
대표전화 02-6958-8659
이메일 info@seosamdok.kr

서삼독은 작가분들의 소중한 원고를 기다립니다. 주제, 분야에 제한 없이 문을 두드려주세요.
info@seosamdok.kr로 보내주시면 성실히 검토한 후 연락드리겠습니다.